AF200042

Salut mes amis,

Bien! Die 65 wichtigsten französischen Verben ist ideal für die Schule oder zum Nachschlagen für unterwegs und als Ebook immer und überall dabei.

Die Verben sind in alphabetischer Reihenfolge angeführt und in den folgenden Zeiten konjugiert:

présent	passé composé
imparfait	plus-que-parfait
passé simple	passé antérieur
futur simple	futur antérieur
conditionnel présent	conditionnel passé
subjonctif présent	subjonctif passé
subjonctif imparfait	subjonctif plus-que-parfait
impératif présent	impératif passé
participe présent	participe passé
gérondif présent	gérondif passé

Neben dem Infinitiv ist in Klammer die deutsche Bedeutung angegeben, zB:
3   *aller (gehen, fahren)*

Bon courage!

Verena Lechner

Übersicht Verbtabellen

1	acheter	26	habiter	51	s'asseoir
2	aimer	27	laisser	52	savoir
3	aller	28	laver	53	se lever
4	arriver	29	lire	54	se réveiller
5	attendre	30	manger	55	sentir
6	avoir	31	mettre	56	s'habiller
7	boire	32	monter	57	sortir
8	commencer	33	offrir	58	téléphoner
9	comprendre	34	oublier	59	tenir
10	connaître	35	ouvrir	60	travailler
11	continuer	36	parler	61	venir
12	croire	37	partir	62	vivre
13	demander	38	payer	63	voir
14	désirer	39	perdre	64	vouloir
15	devoir	40	porter	65	voyager
16	dire	41	pouvoir		
17	donner	42	préférer		
18	dormir	43	prendre		
19	écouter	44	préparer		
20	écrire	45	regarder		
21	être	46	rencontrer		
22	étudier	47	rester		
23	faire	48	rire		
24	fermer	49	saluer		
25	finir	50	s'appeler		

1   acheter (kaufen)

présent	passé composé
j'achète	j'ai acheté
tu achètes	tu as acheté
il/elle achète	il/elle a acheté
nous achetons	nous avons acheté
vous achetez	vous avez acheté
ils/elles achètent	ils/elles ont acheté

imparfait	plus-que-parfait
j'achetais	j'avais acheté
tu achetais	tu avais acheté
il/elle achetait	il/elle avait acheté
nous achetions	nous avions acheté
vous achetiez	vous aviez acheté
ils/elles achetaient	ils/elles avaient acheté

passé simple	passé antérieur
j'achetai	j'eus acheté
tu achetas	tu eus acheté
il/elle acheta	il/elle eut acheté
nous achetâmes	nous eûmes acheté
vous achetâtes	vous eûtes acheté
ils/elles achetèrent	ils/elles eurent acheté

futur simple	futur antérieur
j'achèterai	j'aurai acheté
tu achèteras	tu auras acheté
il/elle achètera	il/elle aura acheté
nous achèterons	nous aurons acheté
vous achèterez	vous aurez acheté
ils/elles achèteront	ils/elles auront acheté

conditionnel présent	conditionnel passé
j'achèterais	j'aurais acheté
tu achèterais	tu aurais acheté
il/elle achèterait	il/elle aurait acheté
nous achèterions	nous aurions acheté
vous achèteriez	vous auriez acheté
ils/elles achèteraient	ils/elles auraient acheté

subjonctif présent	subjonctif passé
j'achète	j'aie acheté
tu achètes	tu aies acheté
il/elle achète	il/elle ait acheté
nous achetions	nous ayons acheté
vous achetiez	vous ayez acheté
ils/elles achètent	ils/elles aient acheté

subjonctif imparfait	subjonctif plus-que-parfait
j'achetasse	j'eusse acheté
tu achetasses	tu eusses acheté
il/elle achetât	il/elle eût acheté
nous achetassions	nous eussions acheté
vous achetassiez	vous eussiez acheté
ils/elles achetassent	ils/elles eussent acheté

impératif présent	impératif passé
achète	aie acheté
achetons	ayons acheté
achetez	ayez acheté

infinitif présent	infinitif passé
acheter	avoir acheté

participe présent	participe passé
achetant	acheté

gérondif présent	gérondif passé
en achetant	en ayant acheté

2 aimer (lieben, mögen)

présent	passé composé
j'aime	j'ai aimé
tu aimes	tu as aimé
il/elle aime	il/elle a aimé
nous aimons	nous avons aimé
vous aimez	vous avez aimé
ils/elles aiment	ils/elles ont aimé

imparfait	plus-que-parfait
j'aimais	j'avais aimé
tu aimais	tu avais aimé
il/elle aimait	il/elle avait aimé
nous aimions	nous avions aimé
vous aimiez	vous aviez aimé
ils/elles aimaient	ils/elles avaient aimé

passé simple	passé antérieur
j'aimai	j'eus aimé
tu aimas	tu eus aimé
il/elle aima	il/elle eut aimé
nous aimâmes	nous eûmes aimé
vous aimâtes	vous eûtes aimé
ils/elles aimèrent	ils/elles eurent aimé

futur simple	futur antérieur
j'aimerai	j'aurai aimé
tu aimeras	tu auras aimé
il/elle aimera	il/elle aura aimé
nous aimerons	nous aurons aimé
vous aimerez	vous aurez aimé
ils/elles aimeront	ils/elles auront aimé

conditionnel présent	conditionnel passé
j'aimerais	j'aurais aimé
tu aimerais	tu aurais aimé
il/elle aimerait	il/elle aurait aimé
nous aimerions	nous aurions aimé
vous aimeriez	vous auriez aimé
ils/elles aimeraient	ils/elles auraient aimé

subjonctif présent	subjonctif passé
j'aime	j'aie aimé
tu aimes	tu aies aimé
il/elle aime	il/elle ait aimé
nous aimions	nous ayons aimé
vous aimiez	vous ayez aimé
ils/elles aiment	ils/elles aient aimé

subjonctif imparfait	subjonctif plus-que-parfait
j'aimasse	j'eusse aimé
tu aimasses	tu eusses aimé
il/elle aimât	il/elle eût aimé
nous aimassions	nous eussions aimé
vous aimassiez	vous eussiez aimé
ils/elles aimassent	ils/elles eussent aimé

impératif présent	impératif passé
aime	aie aimé
aimons	ayons aimé
aimez	ayez aimé

infinitif présent	infinitif passé
aimer	avoir aimé

participe présent	participe passé
aimant	aimé

gérondif présent	gérondif passé
en aimant	en ayant aimé

3 aller (gehen, fahren)

présent	passé composé
je vais	je suis allé(e)
tu vas	tu es allé(e)
il/elle va	il/elle est allé(e)
nous allons	nous sommes allé(e)s
vous allez	vous êtes allé(e)s
ils/elles vont	ils/elles sont allé(e)s

imparfait	plus-que-parfait
j'allais	j'étais allé(e)
tu allais	tu étais allé(e)
il/elle allait	il/elle était allé(e)
nous allions	nous étions allé(e)s
vous alliez	vous étiez allé(e)s
ils/elles allaient	ils/elles étaient allé(e)s

passé simple	passé antérieur
j'allai	je fus allé(e)
tu allas	tu fus allé(e)
il/elle alla	il/elle fut allé(e)
nous allâmes	nous fûmes allé(e)s
vous allâtes	vous fûtes allé(e)s
ils/elles allèrent	ils/elles furent allé(e)s

futur simple	futur antérieur
j'irai	je serai allé(e)
tu iras	tu seras allé(e)
il/elle ira	il/elle sera allé(e)
nous irons	nous serons allé(e)s
vous irez	vous serez allé(e)s
ils/elles iront	ils/elles seront allé(e)s

conditionnel présent	conditionnel passé
j'irais	je serais allé(e)
tu irais	tu serais allé(e)
il/elle irait	il/elle serait allé(e)
nous irions	nous serions allé(e)s
vous iriez	vous seriez allé(e)s
ils/elles iraient	ils/elles seraient allé(e)s

subjonctif présent	subjonctif passé
j'aille	je sois allé(e)
tu ailles	tu sois allé(e)
il/elle aille	il/elle soit allé(e)
nous allions	nous soyons allé(e)s
vous alliez	vous soyez allé(e)s
ils/elles aillent	ils/elles soient allé(e)s

subjonctif imparfait	subjonctif plus-que-parfait
j'allasse	je fusse allé(e)
tu allasses	tu fusses allé(e)
il/elle allât	il/elle fût allé(e)
nous allassions	nous fussions allé(e)s
vous allassiez	vous fussiez allé(e)s
ils/elles allassent	ils/elles fussent allé(e)s

impératif présent	impératif passé
va	sois allé
allons	soyons allés
allez	soyez allés

infinitif présent	infinitif passé
aller	être allé

participe présent	participe passé
allant	allé

gérondif présent	gérondif passé
en allant	en étant allé

4   arriver (ankommen)

présent	passé composé
j'arrive	je suis arrivé(e)
tu arrives	tu es arrivé(e)
il/elle arrive	il/elle est arrivé(e)
nous arrivons	nous sommes arrivé(e)s
vous arrivez	vous êtes arrivé(e)s
ils/elles arrivent	ils/elles sont arrivé(e)s

imparfait	plus-que-parfait
j'arrivais	j'étais arrivé(e)
tu arrivais	tu étais arrivé(e)
il/elle arrivait	il/elle était arrivé(e)
nous arrivions	nous étions arrivé(e)s
vous arriviez	vous étiez arrivé(e)s
ils/elles arrivaient	ils/elles étaient arrivé(e)s

passé simple	passé antérieur
j'arrivai	je fus arrivé(e)
tu arrivas	tu fus arrivé(e)
il/elle arriva	il/elle fut arrivé(e)
nous arrivâmes	nous fûmes arrivé(e)s
vous arrivâtes	vous fûtes arrivé(e)s
ils/elles arrivèrent	ils/elles furent arrivé(e)s

futur simple	futur antérieur
j'arriverai	je serai arrivé(e)
tu arriveras	tu seras arrivé(e)
il/elle arrivera	il/elle sera arrivé(e)
nous arriverons	nous serons arrivé(e)s
vous arriverez	vous serez arrivé(e)s
ils/elles arriveront	ils/elles seront arrivé(e)s

conditionnel présent	conditionnel passé
j'arriverais	je serais arrivé(e)
tu arriverais	tu serais arrivé(e)
il/elle arriverait	il/elle serait arrivé(e)
nous arriverions	nous serions arrivé(e)s
vous arriveriez	vous seriez arrivé(e)s
ils/elles arriveraient	ils/elles seraient arrivé(e)s

subjonctif présent	subjonctif passé
j'arrive	je sois arrivé(e)
tu arrives	tu sois arrivé(e)
il/elle arrive	il/elle soit arrivé(e)
nous arrivions	nous soyons arrivé(e)s
vous arriviez	vous soyez arrivé(e)s
ils/elles arrivent	ils/elles soient arrivé(e)s

subjonctif imparfait	subjonctif plus-que-parfait
j'arrivasse	je fusse arrivé(e)
tu arrivasses	tu fusses arrivé(e)
il/elle arrivât	il/elle fût arrivé(e)
nous arrivassions	nous fussions arrivé(e)s
vous arrivassiez	vous fussiez arrivé(e)s
ils/elles arrivassent	ils/elles fussent arrivé(e)s

impératif présent	impératif passé
arrive	sois arrivé
arrivons	soyons arrivé
arrivez	soyez arrivé

infinitif présent	infinitif passé
arriver	être arrivé

participe présent	participe passé
arrivant	arrivé

gérondif présent	gérondif passé
en arrivant	en étant arrivé

5   attendre (warten)

présent	passé composé
j'attends	j'ai attendu
tu attends	tu as attendu
il/elle attend	il/elle a attendu
nous attendons	nous avons attendu
vous attendez	vous avez attendu
ils/elles attendent	ils/elles ont attendu

imparfait	plus-que-parfait
j'attendais	j'avais attendu
tu attendais	tu avais attendu
il/elle attendait	il/elle avait attendu
nous attendions	nous avions attendu
vous attendiez	vous aviez attendu
ils/elles attendaient	ils/elles avaient attendu

passé simple	passé antérieur
j'attendis	j'eus attendu
tu attendis	tu eus attendu
il/elle attendit	il/elle eut attendu
nous attendîmes	nous eûmes attendu
vous attendîtes	vous eûtes attendu
ils/elles attendirent	ils/elles eurent attendu

futur simple	futur antérieur
j'attendrai	j'aurai attendu
tu attendras	tu auras attendu
il/elle attendra	il/elle aura attendu
nous attendrons	nous aurons attendu
vous attendrez	vous aurez attendu
ils/elles attendront	ils/elles auront attendu

conditionnel présent	conditionnel passé
j'attendrais	j'aurais attendu
tu attendrais	tu aurais attendu
il/elle attendrait	il/elle aurait attendu
nous attendrions	nous aurions attendu
vous attendriez	vous auriez attendu
ils/elles attendraient	ils/elles auraient attendu

subjonctif présent	subjonctif passé
j'attende	j'aie attendu
tu attendes	tu aies attendu
il/elle attende	il/elle ait attendu
nous attendions	nous ayons attendu
vous attendiez	vous ayez attendu
ils/elles attendent	ils/elles aient attendu

subjonctif imparfait	subjonctif plus-que-parfait
j'attendisse	j'eusse attendu
tu attendisses	tu eusses attendu
il/elle attendît	il/elle eût attendu
nous attendissions	nous eussions attendu
vous attendissiez	vous eussiez attendu
ils/elles attendissent	ils/elles eussent attendu

impératif présent	impératif passé
attends	aie attendu
attendons	ayons attendu
attendez	ayez attendu

infinitif présent	infinitif passé
attendre	avoir attendu

participe présent	participe passé
attendant	attendu

gérondif présent	gérondif passé
en attendant	en ayant attendu

6 avoir (haben)

présent	passé composé
j'ai	j'ai eu
tu as	tu as eu
il/elle a	il/elle a eu
nous avons	nous avons eu
vous avez	vous avez eu
ils/elles ont	ils/elles ont eu

imparfait	plus-que-parfait
j'avais	j'avais eu
tu avais	tu avais eu
il/elle avait	il/elle avait eu
nous avions	nous avions eu
vous aviez	vous aviez eu
ils/elles avaient	ils/elles avaient eu

passé simple	passé antérieur
j'eus	j'eus eu
tu eus	tu eus eu
il/elle eut	il/elle eut eu
nous eûmes	nous eûmes eu
vous eûtes	vous eûtes eu
ils/elles eurent	ils/elles eurent eu

futur simple	futur antérieur
j'aurai	j'aurai eu
tu auras	tu auras eu
il/elle aura	il/elle aura eu
nous aurons	nous aurons eu
vous aurez	vous aurez eu
ils/elles auront	ils/elles auront eu

conditionnel présent	conditionnel passé
j'aurais	j'aurais eu
tu aurais	tu aurais eu
il/elle aurait	il/elle aurait eu
nous aurions	nous aurions eu
vous auriez	vous auriez eu
ils/elles auraient	ils/elles auraient eu

subjonctif présent	subjonctif passé
j'aie	j'aie eu
tu aies	tu aies eu
il/elle ait	il/elle ait eu
nous ayons	nous ayons eu
vous ayez	vous ayez eu
ils/elles aient	ils/elles aient eu

subjonctif imparfait	subjonctif plus-que-parfait
j'eusse	j'eusse eu
tu eusses	tu eusses eu
il/elle eût	il/elle eût eu
nous eussions	nous eussions eu
vous eussiez	vous eussiez eu
ils/elles eussent	ils/elles eussent eu

impératif présent	impératif passé
aie	aie eu
ayons	ayons eu
ayez	ayez eu

infinitif présent	infinitif passé
avoir	avoir eu

participe présent	participe passé
ayant	eu

gérondif présent	gérondif passé
en ayant	en ayant eu

7   boire (trinken)

présent	passé composé
je bois	j'ai bu
tu bois	tu as bu
il/elle boit	il/elle a bu
nous buvons	nous avons bu
vous buvez	vous avez bu
ils/elles boivent	ils/elles ont bu

imparfait	plus-que-parfait
je buvais	j'avais bu
tu buvais	tu avais bu
il/elle buvait	il/elle avait bu
nous buvions	nous avions bu
vous buviez	vous aviez bu
ils/elles buvaient	ils/elles avaient bu

passé simple	passé antérieur
je bus	j'eus bu
tu bus	tu eus bu
il/elle but	il/elle eut bu
nous bûmes	nous eûmes bu
vous bûtes	vous eûtes bu
ils/elles burent	ils/elles eurent bu

futur simple	futur antérieur
je boirai	j'aurai bu
tu boiras	tu auras bu
il/elle boira	il/elle aura bu
nous boirons	nous aurons bu
vous boirez	vous aurez bu
ils/elles boiront	ils/elles auront bu

conditionnel présent	conditionnel passé
je boirais	j'aurais bu
tu boirais	tu aurais bu
il/elle boirait	il/elle aurait bu
nous boirions	nous aurions bu
vous boiriez	vous auriez bu
ils/elles boiraient	ils/elles auraient bu

subjonctif présent	subjonctif passé
je boive	j'aie bu
tu boives	tu aies bu
il/elle boive	il/elle ait bu
nous buvions	nous ayons bu
vous buviez	vous ayez bu
ils/elles boivent	ils/elles aient bu

subjonctif imparfait	subjonctif plus-que-parfait
je busse	j'eusse bu
tu busses	tu eusses bu
il/elle bût	il/elle eût bu
nous bussions	nous eussions bu
vous bussiez	vous eussiez bu
ils/elles bussent	ils/elles eussent bu

impératif présent	impératif passé
bois	aie bu
buvons	ayons bu
buvez	ayez bu

infinitif présent	infinitif passé
boire	avoir bu

participe présent	participe passé
buvant	bu

gérondif présent	gérondif passé
en buvant	en ayant bu

8 commencer (anfangen, beginnen)

présent	passé composé
je commence	j'ai commencé
tu commences	tu as commencé
il/elle commence	il/elle a commencé
nous commençons	nous avons commencé
vous commencez	vous avez commencé
ils/elles commencent	ils/elles ont commencé

imparfait	plus-que-parfait
je commençais	j'avais commencé
tu commençais	tu avais commencé
il/elle commençait	il/elle avait commencé
nous commencions	nous avions commencé
vous commenciez	vous aviez commencé
ils/elles commençaient	ils/elles avaient commencé

passé simple	passé antérieur
je commençai	j'eus commencé
tu commenças	tu eus commencé
il/elle commença	il/elle eut commencé
nous commençâmes	nous eûmes commencé
vous commençâtes	vous eûtes commencé
ils/elles commencèrent	ils/elles eurent commencé

futur simple	futur antérieur
je commencerai	j'aurai commencé
tu commenceras	tu auras commencé
il/elle commencera	il/elle aura commencé
nous commencerons	nous aurons commencé
vous commencerez	vous aurez commencé
ils/elles commenceront	ils/elles auront commencé

conditionnel présent	conditionnel passé
je commencerais	j'aurais commencé
tu commencerais	tu aurais commencé
il/elle commencerait	il/elle aurait commencé
nous commencerions	nous aurions commencé
vous commenceriez	vous auriez commencé
ils/elles commenceraient	ils/elles auraient commencé

subjonctif présent	subjonctif passé
je commence	j'aie commencé
tu commences	tu aies commencé
il/elle commence	il/elle ait commencé
nous commencions	nous ayons commencé
vous commenciez	vous ayez commencé
ils/elles commencent	ils/elles aient commencé

subjonctif imparfait	subjonctif plus-que-parfait
je commençasse	j'eusse commencé
tu commençasses	tu eusses commencé
il/elle commençât	il/elle eût commencé
nous commençassions	nous eussions commencé
vous commençassiez	vous eussiez commencé
ils/elles commençassent	ils/elles eussent commencé

impératif présent	impératif passé
commence	aie commencé
commençons	ayons commencé
commencez	ayez commencé

infinitif présent	infinitif passé
commencer	avoir commencé

participe présent	participe passé
commençant	commencé

gérondif présent	gérondif passé
en commençant	en ayant commencé

9 comprendre (verstehen)

présent	passé composé
je comprends	j'ai compris
tu comprends	tu as compris
il/elle comprend	il/elle a compris
nous comprenons	nous avons compris
vous comprenez	vous avez compris
ils/elles comprennent	ils/elles ont compris

imparfait	plus-que-parfait
je comprenais	j'avais compris
tu comprenais	tu avais compris
il/elle comprenait	il/elle avait compris
nous comprenions	nous avions compris
vous compreniez	vous aviez compris
ils/elles comprenaient	ils/elles avaient compris

passé simple	passé antérieur
je compris	j'eus compris
tu compris	tu eus compris
il/elle comprit	il/elle eut compris
nous comprîmes	nous eûmes compris
vous comprîtes	vous eûtes compris
ils/elles comprirent	ils/elles eurent compris

futur simple	futur antérieur
je comprendrai	j'aurai compris
tu comprendras	tu auras compris
il/elle comprendra	il/elle aura compris
nous comprendrons	nous aurons compris
vous comprendrez	vous aurez compris
ils/elles comprendront	ils/elles auront compris

conditionnel présent	conditionnel passé
je comprendrais	j'aurais compris
tu comprendrais	tu aurais compris
il/elle comprendrait	il/elle aurait compris
nous comprendrions	nous aurions compris
vous comprendriez	vous auriez compris
ils/elles comprendraient	ils/elles auraient compris

subjonctif présent	subjonctif passé
je comprenne	j'aie compris
tu comprennes	tu aies compris
il/elle comprenne	il/elle ait compris
nous comprenions	nous ayons compris
vous compreniez	vous ayez compris
ils/elles comprennent	ils/elles aient compris

subjonctif imparfait	subjonctif plus-que-parfait
je comprisse	j'eusse compris
tu comprisses	tu eusses compris
il/elle comprît	il/elle eût compris
nous comprissions	nous eussions compris
vous comprissiez	vous eussiez compris
ils/elles comprissent	ils/elles eussent compris

impératif présent	impératif passé
comprends	aie compris
comprenons	ayons compris
comprenez	ayez compris

infinitif présent	infinitif passé
comprendre	avoir compris

participe présent	participe passé
comprenant	compris

gérondif présent	gérondif passé
en comprenant	en ayant compris

10 connaître (kennen)

présent	passé composé
je connais	j'ai connu
tu connais	tu as connu
il/elle connaît	il/elle a connu
nous connaissons	nous avons connu
vous connaissez	vous avez connu
ils/elles connaissent	ils/elles ont connu

imparfait	plus-que-parfait
je connaissais	j'avais connu
tu connaissais	tu avais connu
il/elle connaissait	il/elle avait connu
nous connaissions	nous avions connu
vous connaissiez	vous aviez connu
ils/elles connaissaient	ils/elles avaient connu

passé simple	passé antérieur
je connus	j'eus connu
tu connus	tu eus connu
il/elle connut	il/elle eut connu
nous connûmes	nous eûmes connu
vous connûtes	vous eûtes connu
ils/elles connurent	ils/elles eurent connu

futur simple	futur antérieur
je connaîtrai	j'aurai connu
tu connaîtras	tu auras connu
il/elle connaîtra	il/elle aura connu
nous connaîtrons	nous aurons connu
vous connaîtrez	vous aurez connu
ils/elles connaîtront	ils/elles auront connu

conditionnel présent	conditionnel passé
je connaîtrais	j'aurais connu
tu connaîtrais	tu aurais connu
il/elle connaîtrait	il/elle aurait connu
nous connaîtrions	nous aurions connu
vous connaîtriez	vous auriez connu
ils/elles connaîtraient	ils/elles auraient connu

subjonctif présent	subjonctif passé
je connaisse	j'aie connu
tu connaisses	tu aies connu
il/elle connaisse	il/elle ait connu
nous connaissions	nous ayons connu
vous connaissiez	vous ayez connu
ils/elles connaissent	ils/elles aient connu

subjonctif imparfait	subjonctif plus-que-parfait
je connusse	j'eusse connu
tu connusses	tu eusses connu
il/elle connût	il/elle eût connu
nous connussions	nous eussions connu
vous connussiez	vous eussiez connu
ils/elles connussent	ils/elles eussent connu

impératif présent	impératif passé
connais	aie connu
connaissons	ayons connu
connaissez	ayez connu

infinitif présent	infinitif passé
connaître	avoir connu

participe présent	participe passé
connaissant	connu

gérondif présent	gérondif passé
en connaissant	en ayant connu

11   continuer (weitermachen)

présent	passé composé
je continue	j'ai continué
tu continues	tu as continué
il/elle continue	il/elle a continué
nous continuons	nous avons continué
vous continuez	vous avez continué
ils/elles continuent	ils/elles ont continué

imparfait	plus-que-parfait
je continuais	j'avais continué
tu continuais	tu avais continué
il/elle continuait	il/elle avait continué
nous continuions	nous avions continué
vous continuiez	vous aviez continué
ils/elles continuaient	ils/elles avaient continué

passé simple	passé antérieur
je continuai	j'eus continué
tu continuas	tu eus continué
il/elle continua	il/elle eut continué
nous continuâmes	nous eûmes continué
vous continuâtes	vous eûtes continué
ils/elles continuèrent	ils/elles eurent continué

futur simple	futur antérieur
je continuerai	j'aurai continué
tu continueras	tu auras continué
il/elle continuera	il/elle aura continué
nous continuerons	nous aurons continué
vous continuerez	vous aurez continué
ils/elles continueront	ils/elles auront continué

conditionnel présent	conditionnel passé
je continuerais	j'aurais continué
tu continuerais	tu aurais continué
il/elle continuerait	il/elle aurait continué
nous continuerions	nous aurions continué
vous continueriez	vous auriez continué
ils/elles continueraient	ils/elles auraient continué

subjonctif présent	subjonctif passé
je continue	j'aie continué
tu continues	tu aies continué
il/elle continue	il/elle ait continué
nous continuions	nous ayons continué
vous continuiez	vous ayez continué
ils/elles continuent	ils/elles aient continué

subjonctif imparfait	subjonctif plus-que-parfait
je continuasse	j'eusse continué
tu continuasses	tu eusses continué
il/elle continuât	il/elle eût continué
nous continuassions	nous eussions continué
vous continuassiez	vous eussiez continué
ils/elles continuassent	ils/elles eussent continué

impératif présent	impératif passé
continue	aie continué
continuons	ayons continué
continuez	ayez continué

infinitif présent	infinitif passé
continuer	avoir continué

participe présent	participe passé
continuant	continué

gérondif présent	gérondif passé
en continuant	en ayant continué

12 croire (glauben)

présent	passé composé
je crois	j'ai cru
tu crois	tu as cru
il/elle croit	il/elle a cru
nous croyons	nous avons cru
vous croyez	vous avez cru
ils/elles croient	ils/elles ont cru

imparfait	plus-que-parfait
je croyais	j'avais cru
tu croyais	tu avais cru
il/elle croyait	il/elle avait cru
nous croyions	nous avions cru
vous croyiez	vous aviez cru
ils/elles croyaient	ils/elles avaient cru

passé simple	passé antérieur
je crus	j'eus cru
tu crus	tu eus cru
il/elle crut	il/elle eut cru
nous crûmes	nous eûmes cru
vous crûtes	vous eûtes cru
ils/elles crurent	ils/elles eurent cru

futur simple	futur antérieur
je croirai	j'aurai cru
tu croiras	tu auras cru
il/elle croira	il/elle aura cru
nous croirons	nous aurons cru
vous croirez	vous aurez cru
ils/elles croiront	ils/elles auront cru

conditionnel présent	conditionnel passé
je croirais	j'aurais cru
tu croirais	tu aurais cru
il/elle croirait	il/elle aurait cru
nous croirions	nous aurions cru
vous croiriez	vous auriez cru
ils/elles croiraient	ils/elles auraient cru

subjonctif présent	subjonctif passé
je croie	j'aie cru
tu croies	tu aies cru
il/elle croie	il/elle ait cru
nous croyions	nous ayons cru
vous croyiez	vous ayez cru
ils/elles croient	ils/elles aient cru

subjonctif imparfait	subjonctif plus-que-parfait
je crusse	j'eusse cru
tu crusses	tu eusses cru
il/elle crût	il/elle eût cru
nous crussions	nous eussions cru
vous crussiez	vous eussiez cru
ils/elles crussent	ils/elles eussent cru

impératif présent	impératif passé
crois	aie cru
croyons	ayons cru
croyez	ayez cru

infinitif présent	infinitif passé
croire	avoir cru

participe présent	participe passé
croyant	cru

gérondif présent	gérondif passé
en croyant	en ayant cru

13   demander (fragen)

présent	passé composé
je demande	j'ai demandé
tu demandes	tu as demandé
il/elle demande	il/elle a demandé
nous demandons	nous avons demandé
vous demandez	vous avez demandé
ils/elles demandent	ils/elles ont demandé

imparfait	plus-que-parfait
je demandais	j'avais demandé
tu demandais	tu avais demandé
il/elle demandait	il/elle avait demandé
nous demandions	nous avions demandé
vous demandiez	vous aviez demandé
ils/elles demandaient	ils/elles avaient demandé

passé simple	passé antérieur
je demandai	j'eus demandé
tu demandas	tu eus demandé
il/elle demanda	il/elle eut demandé
nous demandâmes	nous eûmes demandé
vous demandâtes	vous eûtes demandé
ils/elles demandèrent	ils/elles eurent demandé

futur simple	futur antérieur
je demanderai	j'aurai demandé
tu demanderas	tu auras demandé
il/elle demandera	il/elle aura demandé
nous demanderons	nous aurons demandé
vous demanderez	vous aurez demandé
ils/elles demanderont	ils/elles auront demandé

conditionnel présent	conditionnel passé
je demanderais	j'aurais demandé
tu demanderais	tu aurais demandé
il/elle demanderait	il/elle aurait demandé
nous demanderions	nous aurions demandé
vous demanderiez	vous auriez demandé
ils/elles demanderaient	ils/elles auraient demandé

subjonctif présent	subjonctif passé
je demande	j'aie demandé
tu demandes	tu aies demandé
il/elle demande	il/elle ait demandé
nous demandions	nous ayons demandé
vous demandiez	vous ayez demandé
ils/elles demandent	ils/elles aient demandé

subjonctif imparfait	subjonctif plus-que-parfait
je demandasse	j'eusse demandé
tu demandasses	tu eusses demandé
il/elle demandât	il/elle eût demandé
nous demandassions	nous eussions demandé
vous demandassiez	vous eussiez demandé
ils/elles demandassent	ils/elles eussent demandé

impératif présent	impératif passé
demande	aie demandé
demandons	ayons demandé
demandez	ayez demandé

infinitif présent	infinitif passé
demander	avoir demandé

participe présent	participe passé
demandant	demandé

gérondif présent	gérondif passé
en demandant	en ayant demandé

14 désirer (wünschen)

présent	passé composé
je désire	j'ai désiré
tu désires	tu as désiré
il/elle désire	il/elle a désiré
nous désirons	nous avons désiré
vous désirez	vous avez désiré
ils/elles désirent	ils/elles ont désiré

imparfait	plus-que-parfait
je désirais	j'avais désiré
tu désirais	tu avais désiré
il/elle désirait	il/elle avait désiré
nous désirions	nous avions désiré
vous désiriez	vous aviez désiré
ils/elles désiraient	ils/elles avaient désiré

passé simple	passé antérieur
je désirai	j'eus désiré
tu désiras	tu eus désiré
il/elle désira	il/elle eut désiré
nous désirâmes	nous eûmes désiré
vous désirâtes	vous eûtes désiré
ils/elles désirèrent	ils/elles eurent désiré

futur simple	futur antérieur
je désirerai	j'aurai désiré
tu désireras	tu auras désiré
il/elle désirera	il/elle aura désiré
nous désirerons	nous aurons désiré
vous désirerez	vous aurez désiré
ils/elles désireront	ils/elles auront désiré

conditionnel présent	conditionnel passé
je désirerais	j'aurais désiré
tu désirerais	tu aurais désiré
il/elle désirerait	il/elle aurait désiré
nous désirerions	nous aurions désiré
vous désireriez	vous auriez désiré
ils/elles désireraient	ils/elles auraient désiré

subjonctif présent	subjonctif passé
je désire	j'aie désiré
tu désires	tu aies désiré
il/elle désire	il/elle ait désiré
nous désirions	nous ayons désiré
vous désiriez	vous ayez désiré
ils/elles désirent	ils/elles aient désiré

subjonctif imparfait	subjonctif plus-que-parfait
je désirasse	j'eusse désiré
tu désirasses	tu eusses désiré
il/elle désirât	il/elle eût désiré
nous désirassions	nous eussions désiré
vous désirassiez	vous eussiez désiré
ils/elles désirassent	ils/elles eussent désiré

impératif présent	impératif passé
désire	aie désiré
désirons	ayons désiré
désirez	ayez désiré

infinitif présent	infinitif passé
désirer	avoir désiré

participe présent	participe passé
désirant	désiré

gérondif présent	gérondif passé
en désirant	en ayant désiré

15 devoir (müssen, sollen)

présent	passé composé
je dois	j'ai dû
tu dois	tu as dû
il/elle doit	il/elle a dû
nous devons	nous avons dû
vous devez	vous avez dû
ils/elles doivent	ils/elles ont dû

imparfait	plus-que-parfait
je devais	j'avais dû
tu devais	tu avais dû
il/elle devait	il/elle avait dû
nous devions	nous avions dû
vous deviez	vous aviez dû
ils/elles devaient	ils/elles avaient dû

passé simple	passé antérieur
je dus	j'eus dû
tu dus	tu eus dû
il/elle dut	il/elle eut dû
nous dûmes	nous eûmes dû
vous dûtes	vous eûtes dû
ils/elles durent	ils/elles eurent dû

futur simple	futur antérieur
je devrai	j'aurai dû
tu devras	tu auras dû
il/elle devra	il/elle aura dû
nous devrons	nous aurons dû
vous devrez	vous aurez dû
ils/elles devront	ils/elles auront dû

conditionnel présent	conditionnel passé
je devrais	j'aurais dû
tu devrais	tu aurais dû
il/elle devrait	il/elle aurait dû
nous devrions	nous aurions dû
vous devriez	vous auriez dû
ils/elles devraient	ils/elles auraient dû

subjonctif présent	subjonctif passé
je doive	j'aie dû
tu doives	tu aies dû
il/elle doive	il/elle ait dû
nous devions	nous ayons dû
vous deviez	vous ayez dû
ils/elles doivent	ils/elles aient dû

subjonctif imparfait	subjonctif plus-que-parfait
je dusse	j'eusse dû
tu dusses	tu eusses dû
il/elle dût	il/elle eût dû
nous dussions	nous eussions dû
vous dussiez	vous eussiez dû
ils/elles dussent	ils/elles eussent dû

impératif présent	impératif passé
dois	aie dû
devons	ayons dû
devez	ayez dû

infinitif présent	infinitif passé
devoir	avoir dû

participe présent	participe passé
devant	dû

gérondif présent	gérondif passé
en devant	en ayant dû

16   dire (sagen)

présent	passé composé
je dis	j'ai dit
tu dis	tu as dit
il/elle dit	il/elle a dit
nous disons	nous avons dit
vous dites	vous avez dit
ils/elles disent	ils/elles ont dit

imparfait	plus-que-parfait
je disais	j 'avais dit
tu disais	tu avais dit
il/elle disait	il/elle avait dit
nous disions	nous avions dit
vous disiez	vous aviez dit
ils/elles disaient	ils/elles avaient dit

passé simple	passé antérieur
je dis	j'eus dit
tu dis	tu eus dit
il/elle dit	il/elle eut dit
nous dîmes	nous eûmes dit
vous dîtes	vous eûtes dit
ils/elles dirent	ils/elles eurent dit

futur simple	futur antérieur
je dirai	j'aurai dit
tu diras	tu auras dit
il/elle dira	il/elle aura dit
nous dirons	nous aurons dit
vous direz	vous aurez dit
ils/elles diront	ils/elles auront dit

conditionnel présent	conditionnel passé
je dirais	j'aurais dit
tu dirais	tu aurais dit
il/elle dirait	il/elle aurait dit
nous dirions	nous aurions dit
vous diriez	vous auriez dit
ils/elles diraient	ils/elles auraient dit

subjonctif présent	subjonctif passé
je dise	j'aie dit
tu dises	tu aies dit
il/elle dise	il/elle ait dit
nous disions	nous ayons dit
vous disiez	vous ayez dit
ils/elles disent	ils/elles aient dit

subjonctif imparfait	subjonctif plus-que-parfait
je disse	j'eusse dit
tu disses	tu eusses dit
il/elle dît	il/elle eût dit
nous dissions	nous eussions dit
vous dissiez	vous eussiez dit
ils/elles dissent	ils/elles eussent dit

impératif présent	impératif passé
dis	aie dit
disons	ayons dit
dites	ayez dit

infinitif présent	infinitif passé
dire	avoir dit

participe présent	participe passé
disant	dit

gérondif présent	gérondif passé
en disant	en ayant dit

17   donner (geben)

présent	passé composé
je donne	j'ai donné
tu donnes	tu as donné
il/elle donne	il/elle a donné
nous donnons	nous avons donné
vous donnez	vous avez donné
ils/elles donnent	ils/elles ont donné

imparfait	plus-que-parfait
je donnais	j'avais donné
tu donnais	tu avais donné
il/elle donnait	il/elle avait donné
nous donnions	nous avions donné
vous donniez	vous aviez donné
ils/elles donnaient	ils/elles avaient donné

passé simple	passé antérieur
je donnai	j'eus donné
tu donnas	tu eus donné
il/elle donna	il/elle eut donné
nous donnâmes	nous eûmes donné
vous donnâtes	vous eûtes donné
ils/elles donnèrent	ils/elles eurent donné

futur simple	futur antérieur
je donnerai	j'aurai donné
tu donneras	tu auras donné
il/elle donnera	il/elle aura donné
nous donnerons	nous aurons donné
vous donnerez	vous aurez donné
ils/elles donneront	ils/elles auront donné

conditionnel présent	conditionnel passé
je donnerais	j'aurais donné
tu donnerais	tu aurais donné
il/elle donnerait	il/elle aurait donné
nous donnerions	nous aurions donné
vous donneriez	vous auriez donné
ils/elles donneraient	ils/elles auraient donné

subjonctif présent	subjonctif passé
je donne	j'aie donné
tu donnes	tu aies donné
il/elle donne	il/elle ait donné
nous donnions	nous ayons donné
vous donniez	vous ayez donné
ils/elles donnent	ils/elles aient donné

subjonctif imparfait	subjonctif plus-que-parfait
je donnasse	j'eusse donné
tu donnasses	tu eusses donné
il/elle donnât	il/elle eût donné
nous donnassions	nous eussions donné
vous donnassiez	vous eussiez donné
ils/elles donnassent	ils/elles eussent donné

impératif présent	impératif passé
donne	aie donné
donnons	ayons donné
donnez	ayez donné

infinitif présent	infinitif passé
donner	avoir donné

participe présent	participe passé
donnant	donné

gérondif présent	gérondif passé
en donnant	en ayant donné

18   dormir (schlafen)

présent	passé composé
je dors	j'ai dormi
tu dors	tu as dormi
il/elle dort	il/elle a dormi
nous dormons	nous avons dormi
vous dormez	vous avez dormi
ils/elles dorment	ils/elles ont dormi

imparfait	plus-que-parfait
je dormais	j'avais dormi
tu dormais	tu avais dormi
il/elle dormait	il/elle avait dormi
nous dormions	nous avions dormi
vous dormiez	vous aviez dormi
ils/elles dormaient	ils/elles avaient dormi

passé simple	passé antérieur
je dormis	j'eus dormi
tu dormis	tu eus dormi
il/elle dormit	il/elle eut dormi
nous dormîmes	nous eûmes dormi
vous dormîtes	vous eûtes dormi
ils/elles dormirent	ils/elles eurent dormi

futur simple	futur antérieur
je dormirai	j'aurai dormi
tu dormiras	tu auras dormi
il/elle dormira	il/elle aura dormi
nous dormirons	nous aurons dormi
vous dormirez	vous aurez dormi
ils/elles dormiront	ils/elles auront dormi

conditionnel présent	conditionnel passé
je dormirais	j'aurais dormi
tu dormirais	tu aurais dormi
il/elle dormirait	il/elle aurait dormi
nous dormirions	nous aurions dormi
vous dormiriez	vous auriez dormi
ils/elles dormiraient	ils/elles auraient dormi

subjonctif présent	subjonctif passé
je dorme	j'aie dormi
tu dormes	tu aies dormi
il/elle dorme	il/elle ait dormi
nous dormions	nous ayons dormi
vous dormiez	vous ayez dormi
ils/elles dorment	ils/elles aient dormi

subjonctif imparfait	subjonctif plus-que-parfait
je dormisse	j'eusse dormi
tu dormisses	tu eusses dormi
il/elle dormît	il/elle eût dormi
nous dormissions	nous eussions dormi
vous dormissiez	vous eussiez dormi
ils/elles dormissent	ils/elles eussent dormi

impératif présent	impératif passé
dors	aie dormi
dormons	ayons dormi
dormez	ayez dormi

infinitif présent	infinitif passé
dormir	avoir dormi

participe présent	participe passé
dormant	dormi

gérondif présent	gérondif passé
en dormant	en ayant dormi

19 écouter (zuhören)

présent	passé composé
j'écoute	j'ai écouté
tu écoutes	tu as écouté
il/elle écoute	il/elle a écouté
nous écoutons	nous avons écouté
vous écoutez	vous avez écouté
ils/elles écoutent	ils/elles ont écouté

imparfait	plus-que-parfait
j'écoutais	j'avais écouté
tu écoutais	tu avais écouté
il/elle écoutait	il/elle avait écouté
nous écoutions	nous avions écouté
vous écoutiez	vous aviez écouté
ils/elles écoutaient	ils/elles avaient écouté

passé simple	passé antérieur
j'écoutai	j'eus écouté
tu écoutas	tu eus écouté
il/elle écouta	il/elle eut écouté
nous écoutâmes	nous eûmes écouté
vous écoutâtes	vous eûtes écouté
ils/elles écoutèrent	ils/elles eurent écouté

futur simple	futur antérieur
j'écouterai	j'aurai écouté
tu écouteras	tu auras écouté
il/elle écoutera	il/elle aura écouté
nous écouterons	nous aurons écouté
vous écouterez	vous aurez écouté
ils/elles écouteront	ils/elles auront écouté

conditionnel présent	conditionnel passé
j'écouterais	j'aurais écouté
tu écouterais	tu aurais écouté
il/elle écouterait	il/elle aurait écouté
nous écouterions	nous aurions écouté
vous écouteriez	vous auriez écouté
ils/elles écouteraient	ils/elles auraient écouté

subjonctif présent	subjonctif passé
j'écoute	j'aie écouté
tu écoutes	tu aies écouté
il/elle écoute	il/elle ait écouté
nous écoutions	nous ayons écouté
vous écoutiez	vous ayez écouté
ils/elles écoutent	ils/elles aient écouté

subjonctif imparfait	subjonctif plus-que-parfait
j'écoutasse	j'eusse écouté
tu écoutasses	tu eusses écouté
il/elle écoutât	il/elle eût écouté
nous écoutassions	nous eussions écouté
vous écoutassiez	vous eussiez écouté
ils/elles écoutassent	ils/elles eussent écouté

impératif présent	impératif passé
écoute	aie écouté
écoutons	ayons écouté
écoutez	ayez écouté

infinitif présent	infinitif passé
écouter	avoir écouté

participe présent	participe passé
écoutant	écouté

gérondif présent	gérondif passé
en écoutant	en ayant écouté

20 écrire (schreiben)

présent	passé composé
j'écris	j'ai écrit
tu écris	tu as écrit
il/elle écrit	il/elle a écrit
nous écrivons	nous avons écrit
vous écrivez	vous avez écrit
ils/elles écrivent	ils/elles ont écrit

imparfait	plus-que-parfait
j'écrivais	j'avais écrit
tu écrivais	tu avais écrit
il/elle écrivait	il/elle avait écrit
nous écrivions	nous avions écrit
vous écriviez	vous aviez écrit
ils/elles écrivaient	ils/elles avaient écrit

passé simple	passé antérieur
j'écrivis	j'eus écrit
tu écrivis	tu eus écrit
il/elle écrivit	il/elle eut écrit
nous écrivîmes	nous eûmes écrit
vous écrivîtes	vous eûtes écrit
ils/elles écrivirent	ils/elles eurent écrit

futur simple	futur antérieur
j'écrirai	j'aurai écrit
tu écriras	tu auras écrit
il/elle écrira	il/elle aura écrit
nous écrirons	nous aurons écrit
vous écrirez	vous aurez écrit
ils/elles écriront	ils/elles auront écrit

conditionnel présent	conditionnel passé
j'écrirais	j'aurais écrit
tu écrirais	tu aurais écrit
il/elle écrirait	il/elle aurait écrit
nous écririons	nous aurions écrit
vous écririez	vous auriez écrit
ils/elles écriraient	ils/elles auraient écrit

subjonctif présent	subjonctif passé
j'écrive	j'aie écrit
tu écrives	tu aies écrit
il/elle écrive	il/elle ait écrit
nous écrivions	nous ayons écrit
vous écriviez	vous ayez écrit
ils/elles écrivent	ils/elles aient écrit

subjonctif imparfait	subjonctif plus-que-parfait
j'écrivisse	j'eusse écrit
tu écrivisses	tu eusses écrit
il/elle écrivît	il/elle eût écrit
nous écrivissions	nous eussions écrit
vous écrivissiez	vous eussiez écrit
ils/elles écrivissent	ils/elles eussent écrit

impératif présent	impératif passé
écris	aie écrit
écrivons	ayons écrit
écrivez	ayez écrit

infinitif présent	infinitif passé
écrire	avoir écrit

participe présent	participe passé
écrivant	écrit

gérondif présent	gérondif passé
en écrivant	en ayant écrit

21 être (sein)

présent	passé composé
je suis	j'ai été
tu es	tu as été
il/elle est	il/elle a été
nous sommes	nous avons été
vous êtes	vous avez été
ils/elles sont	ils/elles ont été

imparfait	plus-que-parfait
j'étais	j'avais été
tu étais	tu avais été
il/elle était	il/elle avait été
nous étions	nous avions été
vous étiez	vous aviez été
ils/elles étaient	ils/elles avaient été

passé simple	passé antérieur
je fus	j'eus été
tu fus	tu eus été
il/elle fut	il/elle eut été
nous fûmes	nous eûmes été
vous fûtes	vous eûtes été
ils/elles furent	ils/elles eurent été

futur simple	futur antérieur
je serai	j'aurai été
tu seras	tu auras été
il/elle sera	il/elle aura été
nous serons	nous aurons été
vous serez	vous aurez été
ils/elles seront	ils/elles auront été

conditionnel présent	conditionnel passé
je serais	j'aurais été
tu serais	tu aurais été
il/elle serait	il/elle aurait été
nous serions	nous aurions été
vous seriez	vous auriez été
ils/elles seraient	ils/elles auraient été

subjonctif présent	subjonctif passé
je sois	j'aie été
tu sois	tu aies été
il/elle soit	il/elle ait été
nous soyons	nous ayons été
vous soyez	vous ayez été
ils/elles soient	ils/elles aient été

subjonctif imparfait	subjonctif plus-que-parfait
je fusse	j'eusse été
tu fusses	tu eusses été
il/elle fût	il/elle eût été
nous fussions	nous eussions été
vous fussiez	vous eussiez été
ils/elles fussent	ils/elles eussent été

impératif présent	impératif passé
sois	ayons été
soyons	aie été
soyez	ayez été

infinitif présent	infinitif passé
être	avoir été

participe présent	participe passé
étant	été

gérondif présent	gérondif passé
en étant	en ayant été

22   étudier (lernen, studieren)

présent	passé composé
j'étudie	j'ai étudié
tu étudies	tu as étudié
il/elle étudie	il/elle a étudié
nous étudions	nous avons étudié
vous étudiez	vous avez étudié
ils/elles étudient	ils/elles ont étudié

imparfait	plus-que-parfait
j'étudiais	j'avais étudié
tu étudiais	tu avais étudié
il/elle étudiait	il/elle avait étudié
nous étudiions	nous avions étudié
vous étudiiez	vous aviez étudié
ils/elles étudiaient	ils/elles avaient étudié

passé simple	passé antérieur
j'étudiai	j'eus étudié
tu étudias	tu eus étudié
il/elle étudia	il/elle eut étudié
nous étudiâmes	nous eûmes étudié
vous étudiâtes	vous eûtes étudié
ils/elles étudièrent	ils/elles eurent étudié

futur simple	futur antérieur
j'étudierai	j'aurai étudié
tu étudieras	tu auras étudié
il/elle étudiera	il/elle aura étudié
nous étudierons	nous aurons étudié
vous étudierez	vous aurez étudié
ils/elles étudieront	ils/elles auront étudié

conditionnel présent	conditionnel passé
j'étudierais	j'aurais étudié
tu étudierais	tu aurais étudié
il/elle étudierait	il/elle aurait étudié
nous étudierions	nous aurions étudié
vous étudieriez	vous auriez étudié
ils/elles étudieraient	ils/elles auraient étudié

subjonctif présent	subjonctif passé
j'étudie	j'aie étudié
tu étudies	tu aies étudié
il/elle étudie	il/elle ait étudié
nous étudiions	nous ayons étudié
vous étudiiez	vous ayez étudié
ils/elles étudient	ils/elles aient étudié

subjonctif imparfait	subjonctif plus-que-parfait
j'étudiasse	j'eusse étudié
tu étudiasses	tu eusses étudié
il/elle étudiât	il/elle eût étudié
nous étudiassions	nous eussions étudié
vous étudiassiez	vous eussiez étudié
ils/elles étudiassent	ils/elles eussent étudié

impératif présent	impératif passé
étudie	aie étudié
étudions	ayons étudié
étudiez	ayez étudié

infinitif présent	infinitif passé
étudier	avoir étudié

participe présent	participe passé
étudiant	étudié

gérondif présent	gérondif passé
en étudiant	en ayant étudié

23   faire (machen)

présent	passé composé
je fais	j'ai fait
tu fais	tu as fait
il/elle fait	il/elle a fait
nous faisons	nous avons fait
vous faites	vous avez fait
ils/elles font	ils/elles ont fait

imparfait	plus-que-parfait
je faisais	j'avais fait
tu faisais	tu avais fait
il/elle faisait	il/elle avait fait
nous faisions	nous avions fait
vous faisiez	vous aviez fait
ils/elles faisaient	ils/elles avaient fait

passé simple	passé antérieur
je fis	j'eus fait
tu fis	tu eus fait
il/elle fit	il/elle eut fait
nous fîmes	nous eûmes fait
vous fîtes	vous eûtes fait
ils/elles firent	ils/elles eurent fait

futur simple	futur antérieur
je ferai	j'aurai fait
tu feras	tu auras fait
il/elle fera	il/elle aura fait
nous ferons	nous aurons fait
vous ferez	vous aurez fait
ils/elles feront	ils/elles auront fait

conditionnel présent	conditionnel passé
je ferais	j'aurais fait
tu ferais	tu aurais fait
il/elle ferait	il/elle aurait fait
nous ferions	nous aurions fait
vous feriez	vous auriez fait
ils/elles feraient	ils/elles auraient fait

subjonctif présent	subjonctif passé
je fasse	j'aie fait
tu fasses	tu aies fait
il/elle fasse	il/elle ait fait
nous fassions	nous ayons fait
vous fassiez	vous ayez fait
ils/elles fassent	ils/elles aient fait

subjonctif imparfait	subjonctif plus-que-parfait
je fisse	j'eusse fait
tu fisses	tu eusses fait
il/elle fît	il/elle eût fait
nous fissions	nous eussions fait
vous fissiez	vous eussiez fait
ils/elles fissent	ils/elles eussent fait

impératif présent	impératif passé
fais	aie fait
faisons	ayons fait
faites	ayez fait

infinitif présent	infinitif passé
faire	avoir fait

participe présent	participe passé
faisant	fait

gérondif présent	gérondif passé
en faisant	en ayant fait

24 fermer (schließen)

présent	passé composé
je ferme	j'ai fermé
tu fermes	tu as fermé
il/elle ferme	il/elle a fermé
nous fermons	nous avons fermé
vous fermez	vous avez fermé
ils/elles ferment	ils/elles ont fermé

imparfait	plus-que-parfait
je fermais	j'avais fermé
tu fermais	tu avais fermé
il/elle fermait	il/elle avait fermé
nous fermions	nous avions fermé
vous fermiez	vous aviez fermé
ils/elles fermaient	ils/elles avaient fermé

passé simple	passé antérieur
je fermai	j'eus fermé
tu fermas	tu eus fermé
il/elle ferma	il/elle eut fermé
nous fermâmes	nous eûmes fermé
vous fermâtes	vous eûtes fermé
ils/elles fermèrent	ils/elles eurent fermé

futur simple	futur antérieur
je fermerai	j'aurai fermé
tu fermeras	tu auras fermé
il/elle fermera	il/elle aura fermé
nous fermerons	nous aurons fermé
vous fermerez	vous aurez fermé
ils/elles fermeront	ils/elles auront fermé

conditionnel présent	conditionnel passé
je fermerais	j'aurais fermé
tu fermerais	tu aurais fermé
il/elle fermerait	il/elle aurait fermé
nous fermerions	nous aurions fermé
vous fermeriez	vous auriez fermé
ils/elles fermeraient	ils/elles auraient fermé

subjonctif présent	subjonctif passé
je ferme	j'aie fermé
tu fermes	tu aies fermé
il/elle ferme	il/elle ait fermé
nous fermions	nous ayons fermé
vous fermiez	vous ayez fermé
ils/elles ferment	ils/elles aient fermé

subjonctif imparfait	subjonctif plus-que-parfait
je fermasse	j'eusse fermé
tu fermasses	tu eusses fermé
il/elle fermât	il/elle eût fermé
nous fermassions	nous eussions fermé
vous fermassiez	vous eussiez fermé
ils/elles fermassent	ils/elles eussent fermé

impératif présent	impératif passé
ferme	aie fermé
fermons	ayons fermé
fermez	ayez fermé

infinitif présent	infinitif passé
fermer	avoir fermé

participe présent	participe passé
fermant	fermé

gérondif présent	gérondif passé
en fermant	en ayant fermé

25 finir (enden, beenden)

présent	passé composé
je finis	j'ai fini
tu finis	tu as fini
il/elle finit	il/elle a fini
nous finissons	nous avons fini
vous finissez	vous avez fini
ils/elles finissent	ils/elles ont fini

imparfait	plus-que-parfait
je finissais	j'avais fini
tu finissais	tu avais fini
il/elle finissait	il/elle avait fini
nous finissions	nous avions fini
vous finissiez	vous aviez fini
ils/elles finissaient	ils/elles avaient fini

passé simple	passé antérieur
je finis	j'eus fini
tu finis	tu eus fini
il/elle finit	il/elle eut fini
nous finîmes	nous eûmes fini
vous finîtes	vous eûtes fini
ils/elles finirent	ils/elles eurent fini

futur simple	futur antérieur
je finirai	j'aurai fini
tu finiras	tu auras fini
il/elle finira	il/elle aura fini
nous finirons	nous aurons fini
vous finirez	vous aurez fini
ils/elles finiront	ils/elles auront fini

conditionnel présent	conditionnel passé
je finirais	j'aurais fini
tu finirais	tu aurais fini
il/elle finirait	il/elle aurait fini
nous finirions	nous aurions fini
vous finiriez	vous auriez fini
ils/elles finiraient	ils/elles auraient fini

subjonctif présent	subjonctif passé
je finisse	j'aie fini
tu finisses	tu aies fini
il/elle finisse	il/elle ait fini
nous finissions	nous ayons fini
vous finissiez	vous ayez fini
ils/elles finissent	ils/elles aient fini

subjonctif imparfait	subjonctif plus-que-parfait
je finisse	j'eusse fini
tu finisses	tu eusses fini
il/elle finît	il/elle eût fini
nous finissions	nous eussions fini
vous finissiez	vous eussiez fini
ils/elles finissent	ils/elles eussent fini

impératif présent	impératif passé
finis	aie fini
finissons	ayons fini
finissez	ayez fini

infinitif présent	infinitif passé
finir	avoir fini

participe présent	participe passé
finissant	fini

gérondif présent	gérondif passé
en finissant	en ayant fini

26   habiter (wohnen)

présent	passé composé
j'habite	j'ai habité
tu habites	tu as habité
il/elle habite	il/elle a habité
nous habitons	nous avons habité
vous habitez	vous avez habité
ils/elles habitent	ils/elles ont habité

imparfait	plus-que-parfait
j'habitais	j'avais habité
tu habitais	tu avais habité
il/elle habitait	il/elle avait habité
nous habitions	nous avions habité
vous habitiez	vous aviez habité
ils/elles habitaient	ils/elles avaient habité

passé simple	passé antérieur
j'habitai	j'eus habité
tu habitas	tu eus habité
il/elle habita	il/elle eut habité
nous habitâmes	nous eûmes habité
vous habitâtes	vous eûtes habité
ils/elles habitèrent	ils/elles eurent habité

futur simple	futur antérieur
j'habiterai	j'aurai habité
tu habiteras	tu auras habité
il/elle habitera	il/elle aura habité
nous habiterons	nous aurons habité
vous habiterez	vous aurez habité
ils/elles habiteront	ils/elles auront habité

conditionnel présent	conditionnel passé
j'habiterais	j'aurais habité
tu habiterais	tu aurais habité
il/elle habiterait	il/elle aurait habité
nous habiterions	nous aurions habité
vous habiteriez	vous auriez habité
ils/elles habiteraient	ils/elles auraient habité

subjonctif présent	subjonctif passé
j'habite	j'aie habité
tu habites	tu aies habité
il/elle habite	il/elle ait habité
nous habitions	nous ayons habité
vous habitiez	vous ayez habité
ils/elles habitent	ils/elles aient habité

subjonctif imparfait	subjonctif plus-que-parfait
j'habitasse	j'eusse habité
tu habitasses	tu eusses habité
il/elle habitât	il/elle eût habité
nous habitassions	nous eussions habité
vous habitassiez	vous eussiez habité
ils/elles habitassent	ils/elles eussent habité

impératif présent	impératif passé
habite	aie habité
habitons	ayons habité
habitez	ayez habité

infinitif présent	infinitif passé
habiter	avoir habité

participe présent	participe passé
habitant	habité

gérondif présent	gérondif passé
en habitant	en ayant habité

27   laisser (lassen, verlassen)

présent	passé composé
je laisse	j'ai laissé
tu laisses	tu as laissé
il/elle laisse	il/elle a laissé
nous laissons	nous avons laissé
vous laissez	vous avez laissé
ils/elles laissent	ils/elles ont laissé

imparfait	plus-que-parfait
je laissais	j'avais laissé
tu laissais	tu avais laissé
il/elle laissait	il/elle avait laissé
nous laissions	nous avions laissé
vous laissiez	vous aviez laissé
ils/elles laissaient	ils/elles avaient laissé

passé simple	passé antérieur
je laissai	j'eus laissé
tu laissas	tu eus laissé
il/elle laissa	il/elle eut laissé
nous laissâmes	nous eûmes laissé
vous laissâtes	vous eûtes laissé
ils/elles laissèrent	ils/elles eurent laissé

futur simple	futur antérieur
je laisserai	j'aurai laissé
tu laisseras	tu auras laissé
il/elle laissera	il/elle aura laissé
nous laisserons	nous aurons laissé
vous laisserez	vous aurez laissé
ils/elles laisseront	ils/elles auront laissé

conditionnel présent	conditionnel passé
je laisserais	j'aurais laissé
tu laisserais	tu aurais laissé
il/elle laisserait	il/elle aurait laissé
nous laisserions	nous aurions laissé
vous laisseriez	vous auriez laissé
ils/elles laisseraient	ils/elles auraient laissé

subjonctif présent	subjonctif passé
je laisse	j'aie laissé
tu laisses	tu aies laissé
il/elle laisse	il/elle ait laissé
nous laissions	nous ayons laissé
vous laissiez	vous ayez laissé
ils/elles laissent	ils/elles aient laissé

subjonctif imparfait	subjonctif plus-que-parfait
je laissasse	j'eusse laissé
tu laissasses	tu eusses laissé
il/elle laissât	il/elle eût laissé
nous laissassions	nous eussions laissé
vous laissassiez	vous eussiez laissé
ils/elles laissassent	ils/elles eussent laissé

impératif présent	impératif passé
laisse	aie laissé
laissons	ayons laissé
laissez	ayez laissé

infinitif présent	infinitif passé
laisser	avoir laissé

participe présent	participe passé
laissant	laissé

gérondif présent	gérondif passé
en laissant	en ayant laissé

présent	passé composé
je lave	j'ai lavé
tu laves	tu as lavé
il/elle lave	il/elle a lavé
nous lavons	nous avons lavé
vous lavez	vous avez lavé
ils/elles lavent	ils/elles ont lavé

imparfait	plus-que-parfait
je lavais	j'avais lavé
tu lavais	tu avais lavé
il/elle lavait	il/elle avait lavé
nous lavions	nous avions lavé
vous laviez	vous aviez lavé
ils/elles lavaient	ils/elles avaient lavé

passé simple	passé antérieur
je lavai	j'eus lavé
tu lavas	tu eus lavé
il/elle lava	il/elle eut lavé
nous lavâmes	nous eûmes lavé
vous lavâtes	vous eûtes lavé
ils/elles lavèrent	ils/elles eurent lavé

futur simple	futur antérieur
je laverai	j'aurai lavé
tu laveras	tu auras lavé
il/elle lavera	il/elle aura lavé
nous laverons	nous aurons lavé
vous laverez	vous aurez lavé
ils/elles laveront	ils/elles auront lavé

conditionnel présent	conditionnel passé
je laverais	j'aurais lavé
tu laverais	tu aurais lavé
il/elle laverait	il/elle aurait lavé
nous laverions	nous aurions lavé
vous laveriez	vous auriez lavé
ils/elles laveraient	ils/elles auraient lavé

subjonctif présent	subjonctif passé
je lave	j'aie lavé
tu laves	tu aies lavé
il/elle lave	il/elle ait lavé
nous lavions	nous ayons lavé
vous laviez	vous ayez lavé
ils/elles lavent	ils/elles aient lavé

subjonctif imparfait	subjonctif plus-que-parfait
je lavasse	j'eusse lavé
tu lavasses	tu eusses lavé
il/elle lavât	il/elle eût lavé
nous lavassions	nous eussions lavé
vous lavassiez	vous eussiez lavé
ils/elles lavassent	ils/elles eussent lavé

impératif présent	impératif passé
lave	aie lavé
lavons	ayons lavé
lavez	ayez lavé

infinitif présent	infinitif passé
laver	avoir lavé

participe présent	participe passé
lavant	lavé

gérondif présent	gérondif passé
en lavant	en ayant lavé

29   lire (lesen)

présent	passé composé
je lis	j'ai lu
tu lis	tu as lu
il/elle lit	il/elle a lu
nous lisons	nous avons lu
vous lisez	vous avez lu
ils/elles lisent	ils/elles ont lu

imparfait	plus-que-parfait
je lisais	j'avais lu
tu lisais	tu avais lu
il/elle lisait	il/elle avait lu
nous lisions	nous avions lu
vous lisiez	vous aviez lu
ils/elles lisaient	ils/elles avaient lu

passé simple	passé antérieur
je lus	j'eus lu
tu lus	tu eus lu
il/elle lut	il/elle eut lu
nous lûmes	nous eûmes lu
vous lûtes	vous eûtes lu
ils/elles lurent	ils/elles eurent lu

futur simple	futur antérieur
je lirai	j'aurai lu
tu liras	tu auras lu
il/elle lira	il/elle aura lu
nous lirons	nous aurons lu
vous lirez	vous aurez lu
ils/elles liront	ils/elles auront lu

conditionnel présent	conditionnel passé
je lirais	j'aurais lu
tu lirais	tu aurais lu
il/elle lirait	il/elle aurait lu
nous lirions	nous aurions lu
vous liriez	vous auriez lu
ils/elles liraient	ils/elles auraient lu

subjonctif présent	subjonctif passé
je lise	j'aie lu
tu lises	tu aies lu
il/elle lise	il/elle ait lu
nous lisions	nous ayons lu
vous lisiez	vous ayez lu
ils/elles lisent	ils/elles aient lu

subjonctif imparfait	subjonctif plus-que-parfait
je lusse	j'eusse lu
tu lusses	tu eusses lu
il/elle lût	il/elle eût lu
nous lussions	nous eussions lu
vous lussiez	vous eussiez lu
ils/elles lussent	ils/elles eussent lu

impératif présent	impératif passé
lis	aie lu
lisons	ayons lu
lisez	ayez lu

infinitif présent	infinitif passé
lire	avoir lu

participe présent	participe passé
lisant	lu

gérondif présent	gérondif passé
en lisant	en ayant lu

30 manger (essen)

présent	passé composé
je mange	j'ai mangé
tu manges	tu as mangé
il/elle mange	il/elle a mangé
nous mangeons	nous avons mangé
vous mangez	vous avez mangé
ils/elles mangent	ils/elles ont mangé

imparfait	plus-que-parfait
je mangeais	j'avais mangé
tu mangeais	tu avais mangé
il/elle mangeait	il/elle avait mangé
nous mangions	nous avions mangé
vous mangiez	vous aviez mangé
ils/elles mangeaient	ils/elles avaient mangé

passé simple	passé antérieur
je mangeai	j'eus mangé
tu mangeas	tu eus mangé
il/elle mangea	il/elle eut mangé
nous mangeâmes	nous eûmes mangé
vous mangeâtes	vous eûtes mangé
ils/elles mangèrent	ils/elles eurent mangé

futur simple	futur antérieur
je mangerai	j'aurai mangé
tu mangeras	tu auras mangé
il/elle mangera	il/elle aura mangé
nous mangerons	nous aurons mangé
vous mangerez	vous aurez mangé
ils/elles mangeront	ils/elles auront mangé

conditionnel présent	conditionnel passé
je mangerais	j'aurais mangé
tu mangerais	tu aurais mangé
il/elle mangerait	il/elle aurait mangé
nous mangerions	nous aurions mangé
vous mangeriez	vous auriez mangé
ils/elles mangeraient	ils/elles auraient mangé

subjonctif présent	subjonctif passé
je mange	j'aie mangé
tu manges	tu aies mangé
il/elle mange	il/elle ait mangé
nous mangions	nous ayons mangé
vous mangiez	vous ayez mangé
ils/elles mangent	ils/elles aient mangé

subjonctif imparfait	subjonctif plus-que-parfait
je mangeasse	j'eusse mangé
tu mangeasses	tu eusses mangé
il/elle mangeât	il/elle eût mangé
nous mangeassions	nous eussions mangé
vous mangeassiez	vous eussiez mangé
ils/elles mangeassent	ils/elles eussent mangé

impératif présent	impératif passé
mange	aie mangé
mangeons	ayons mangé
mangez	ayez mangé

infinitif présent	infinitif passé
manger	avoir mangé

participe présent	participe passé
mangeant	mangé

gérondif présent	gérondif passé
en mangeant	en ayant mangé

31   mettre (setzen, stellen, legen)

présent	passé composé
je mets	j'ai mis
tu mets	tu as mis
il/elle met	il/elle a mis
nous mettons	nous avons mis
vous mettez	vous avez mis
ils/elles mettent	ils/elles ont mis

imparfait	plus-que-parfait
je mettais	j'avais mis
tu mettais	tu avais mis
il/elle mettait	il/elle avait mis
nous mettions	nous avions mis
vous mettiez	vous aviez mis
ils/elles mettaient	ils/elles avaient mis

passé simple	passé antérieur
je mis	j'eus mis
tu mis	tu eus mis
il/elle mit	il/elle eut mis
nous mîmes	nous eûmes mis
vous mîtes	vous eûtes mis
ils/elles mirent	ils/elles eurent mis

futur simple	futur antérieur
je mettrai	j'aurai mis
tu mettras	tu auras mis
il/elle mettra	il/elle aura mis
nous mettrons	nous aurons mis
vous mettrez	vous aurez mis
ils/elles mettront	ils/elles auront mis

conditionnel présent	conditionnel passé
je mettrais	j'aurais mis
tu mettrais	tu aurais mis
il/elle mettrait	il/elle aurait mis
nous mettrions	nous aurions mis
vous mettriez	vous auriez mis
ils/elles mettraient	ils/elles auraient mis

subjonctif présent	subjonctif passé
je mette	j'aie mis
tu mettes	tu aies mis
il/elle mette	il/elle ait mis
nous mettions	nous ayons mis
vous mettiez	vous ayez mis
ils/elles mettent	ils/elles aient mis

subjonctif imparfait	subjonctif plus-que-parfait
je misse	j'eusse mis
tu misses	tu eusses mis
il/elle mît	il/elle eût mis
nous missions	nous eussions mis
vous missiez	vous eussiez mis
ils/elles missent	ils/elles eussent mis

impératif présent	impératif passé
mets	aie mis
mettons	ayons mis
mettez	ayez mis

infinitif présent	infinitif passé
mettre	avoir mis

participe présent	participe passé
mettant	mis

gérondif présent	gérondif passé
en mettant	en ayant mis

32   monter (hinaufsteigen, einsteigen)

présent	passé composé
je monte	je suis monté(e)
tu montes	tu es monté(e)
il/elle monte	il/elle est monté(e)
nous montons	nous sommes monté(e)s
vous montez	vous êtes monté(e)s
ils/elles montent	ils/elles sont monté(e)s

imparfait	plus-que-parfait
je montais	j'étais monté(e)
tu montais	tu étais monté(e)
il/elle montait	il/elle était monté(e)
nous montions	nous étions monté(e)s
vous montiez	vous étiez monté(e)s
ils/elles montaient	ils/elles étaient monté(e)s

passé simple	passé antérieur
je montai	je fus monté(e)
tu montas	tu fus monté(e) (e)
il/elle monta	il/elle fut monté
nous montâmes	nous fûmes monté(e)s
vous montâtes	vous fûtes monté(e)s
ils/elles montèrent	ils/elles furent monté(e)s

futur simple	futur antérieur
je monterai	je serai monté(e)
tu monteras	tu seras monté(e)
il/elle montera	il/elle sera monté(e)
nous monterons	nous serons monté(e)s
vous monterez	vous serez monté(e)s
ils/elles monteront	ils/elles seront monté(e)s

conditionnel présent	conditionnel passé
je monterais	je serais monté(e)
tu monterais	tu serais monté(e)
il/elle monterait	il/elle serait monté(e)
nous monterions	nous serions monté(e)s
vous monteriez	vous seriez monté(e)s
ils monteraient	ils/elles seraient monté(e)s

subjonctif présent	subjonctif passé
je monte	je sois monté(e)
tu montes	tu sois monté(e)
il/elle monte	il/elle soit monté(e)
nous montions	nous soyons monté(e)s
vous montiez	vous soyez monté(e)s
ils/elles montent	ils/elles soient monté(e)s

subjonctif imparfait	subjonctif plus-que-parfait
je montasse	je fusse monté(e)
tu montasses	tu fusses monté(e)
il/elle montât	il/elle fût monté(e)
nous montassions	nous fussions monté(e)s
vous montassiez	vous fussiez monté(e)s
ils montassent	ils/elles fussent monté(e)s

impératif présent	impératif passé
monte	sois monté
montons	soyons monté
montez	soyez monté

infinitif présent	infinitif passé
monter	être monté

participe présent	participe passé
montant	monté

gérondif présent	gérondif passé
en montant	en étant monté

33 offrir (anbieten)

présent	passé composé
j'offre	j'ai offert
tu offres	tu as offert
il/elle offre	il/elle a offert
nous offrons	nous avons offert
vous offrez	vous avez offert
ils/elles offrent	ils/elles ont offert

imparfait	plus-que-parfait
j'offrais	j'avais offert
tu offrais	tu avais offert
il/elle offrait	il/elle avait offert
nous offrions	nous avions offert
vous offriez	vous aviez offert
ils/elles offraient	ils/elles avaient offert

passé simple	passé antérieur
j'offris	j'eus offert
tu offris	tu eus offert
il/elle offrit	il/elle eut offert
nous offrîmes	nous eûmes offert
vous offrîtes	vous eûtes offert
ils/elles offrirent	ils/elles eurent offert

futur simple	futur antérieur
j'offrirai	j'aurai offert
tu offriras	tu auras offert
il/elle offrira	il/elle aura offert
nous offrirons	nous aurons offert
vous offrirez	vous aurez offert
ils/elles offriront	ils/elles auront offert

conditionnel présent	conditionnel passé
j'offrirais	j'aurais offert
tu offrirais	tu aurais offert
il/elle offrirait	il/elle aurait offert
nous offririons	nous aurions offert
vous offririez	vous auriez offert
ils/elles offriraient	ils/elles auraient offert

subjonctif présent	subjonctif passé
j'offre	j'aie offert
tu offres	tu aies offert
il/elle offre	il/elle ait offert
nous offrions	nous ayons offert
vous offriez	vous ayez offert
ils/elles offrent	ils/elles aient offert

subjonctif imparfait	subjonctif plus-que-parfait
j'offrisse	j'eusse offert
tu offrisses	tu eusses offert
il/elle offrît	il/elle eût offert
nous offrissions	nous eussions offert
vous offrissiez	vous eussiez offert
ils/elles offrissent	ils/elles eussent offert

impératif présent	impératif passé
offre	aie offert
offrons	ayons offert
offrez	ayez offert

infinitif présent	infinitif passé
offrir	avoir offert

participe présent	participe passé
offrant	offert

gérondif présent	gérondif passé
en offrant	en ayant offert

34 oublier (vergessen)

présent	passé composé
j'oublie	j'ai oublié
tu oublies	tu as oublié
il/elle oublie	il/elle a oublié
nous oublions	nous avons oublié
vous oubliez	vous avez oublié
ils/elles oublient	ils/elles ont oublié

imparfait	plus-que-parfait
j'oubliais	j'avais oublié
tu oubliais	tu avais oublié
il/elle oubliait	il/elle avait oublié
nous oubliions	nous avions oublié
vous oubliiez	vous aviez oublié
ils/elles oubliaient	ils/elles avaient oublié

passé simple	passé antérieur
j'oubliai	j'eus oublié
tu oublias	tu eus oublié
il/elle oublia	il/elle eut oublié
nous oubliâmes	nous eûmes oublié
vous oubliâtes	vous eûtes oublié
ils/elles oublièrent	ils/elles eurent oublié

futur simple	futur antérieur
j'oublierai	j'aurai oublié
tu oublieras	tu auras oublié
il/elle oubliera	il/elle aura oublié
nous oublierons	nous aurons oublié
vous oublierez	vous aurez oublié
ils/elles oublieront	ils/elles auront oublié

conditionnel présent	conditionnel passé
j'oublierais	j'aurais oublié
tu oublierais	tu aurais oublié
il/elle oublierait	il/elle aurait oublié
nous oublierions	nous aurions oublié
vous oublieriez	vous auriez oublié
ils/elles oublieraient	ils/elles auraient oublié

subjonctif présent	subjonctif passé
j'oublie	j'aie oublié
tu oublies	tu aies oublié
il/elle oublie	il/elle ait oublié
nous oubliions	nous ayons oublié
vous oubliiez	vous ayez oublié
ils/elles oublient	ils/elles aient oublié

subjonctif imparfait	subjonctif plus-que-parfait
j'oubliasse	j'eusse oublié
tu oubliasses	tu eusses oublié
il/elle oubliât	il/elle eût oublié
nous oubliassions	nous eussions oublié
vous oubliassiez	vous eussiez oublié
ils/elles oubliassent	ils/elles eussent oublié

impératif présent	impératif passé
oublie	aie oublié
oublions	ayons oublié
oubliez	ayez oublié

infinitif présent	infinitif passé
oublier	avoir oublié

participe présent	participe passé
oubliant	oublié

gérondif présent	gérondif passé
en oubliant	en ayant oublié

35   ouvrir (öffnen)

présent	passé composé
je couvre	j'ai couvert
tu couvres	tu as couvert
il/elle couvre	il/elle a couvert
nous couvrons	nous avons couvert
vous couvrez	vous avez couvert
ils/elles couvrent	ils/elles ont couvert

imparfait	plus-que-parfait
je couvrais	j'avais couvert
tu couvrais	tu avais couvert
il/elle couvrait	il/elle avait couvert
nous couvrions	nous avions couvert
vous couvriez	vous aviez couvert
ils/elles couvraient	ils/elles avaient couvert

passé simple	passé antérieur
je couvris	j'eus couvert
tu couvris	tu eus couvert
il/elle couvrit	il/elle eut couvert
nous couvrîmes	nous eûmes couvert
vous couvrîtes	vous eûtes couvert
ils/elles couvrirent	ils/elles eurent couvert

futur simple	futur antérieur
je couvrirai	j'aurai couvert
tu couvriras	tu auras couvert
il/elle couvrira	il/elle aura couvert
nous couvrirons	nous aurons couvert
vous couvrirez	vous aurez couvert
ils/elles couvriront	ils/elles auront couvert

conditionnel présent	conditionnel passé
je couvrirais	j'aurais couvert
tu couvrirais	tu aurais couvert
il/elle couvrirait	il/elle aurait couvert
nous couvririons	nous aurions couvert
vous couvririez	vous auriez couvert
ils/elles couvriraient	ils/elles auraient couvert

subjonctif présent	subjonctif passé
je couvre	j'aie couvert
tu couvres	tu aies couvert
il/elle couvre	il/elle ait couvert
nous couvrions	nous ayons couvert
vous couvriez	vous ayez couvert
ils/elles couvrent	ils/elles aient couvert

subjonctif imparfait	subjonctif plus-que-parfait
je couvrisse	j'eusse couvert
tu couvrisses	tu eusses couvert
il/elle couvrît	il/elle eût couvert
nous couvrissions	nous eussions couvert
vous couvrissiez	vous eussiez couvert
ils/elles couvrissent	ils/elles eussent couvert

impératif présent	impératif passé
couvre	aie couvert
couvrons	ayons couvert
couvrez	ayez couvert

infinitif présent	infinitif passé
couvrir	avoir couvert

participe présent	participe passé
couvrant	couvert

gérondif présent	gérondif passé
en couvrant	en ayant couvert

36　parler (sprechen)

présent	passé composé
je parle	j'ai parlé
tu parles	tu as parlé
il/elle parle	il/elle a parlé
nous parlons	nous avons parlé
vous parlez	vous avez parlé
ils/elles parlent	ils/elles ont parlé

imparfait	plus-que-parfait
je parlais	j'avais parlé
tu parlais	tu avais parlé
il/elle parlait	il/elle avait parlé
nous parlions	nous avions parlé
vous parliez	vous aviez parlé
ils/elles parlaient	ils/elles avaient parlé

passé simple	passé antérieur
je parlai	j'eus parlé
tu parlas	tu eus parlé
il/elle parla	il/elle eut parlé
nous parlâmes	nous eûmes parlé
vous parlâtes	vous eûtes parlé
ils/elles parlèrent	ils/elles eurent parlé

futur simple	futur antérieur
je parlerai	j'aurai parlé
tu parleras	tu auras parlé
il/elle parlera	il/elle aura parlé
nous parlerons	nous aurons parlé
vous parlerez	vous aurez parlé
ils/elles parleront	ils/elles auront parlé

conditionnel présent	conditionnel passé
je parlerais	j'aurais parlé
tu parlerais	tu aurais parlé
il/elle parlerait	il/elle aurait parlé
nous parlerions	nous aurions parlé
vous parleriez	vous auriez parlé
ils/elles parleraient	ils/elles auraient parlé

subjonctif présent	subjonctif passé
je parle	j'aie parlé
tu parles	tu aies parlé
il/elle parle	il/elle ait parlé
nous parlions	nous ayons parlé
vous parliez	vous ayez parlé
ils/elles parlent	ils/elles aient parlé

subjonctif imparfait	subjonctif plus-que-parfait
je parlasse	j'eusse parlé
tu parlasses	tu eusses parlé
il/elle parlât	il/elle eût parlé
nous parlassions	nous eussions parlé
vous parlassiez	vous eussiez parlé
ils/elles parlassent	ils/elles eussent parlé

impératif présent	impératif passé
parle	aie parlé
parlons	ayons parlé
parlez	ayez parlé

infinitif présent	infinitif passé
parler	avoir parlé

participe présent	participe passé
parlant	parlé

gérondif présent	gérondif passé
en parlant	en ayant parlé

37   partir (abfahren)

présent	passé composé
je pars	je suis parti(e)
tu pars	tu es parti(e)
il/elle part	il/elle est parti(e)
nous partons	nous sommes parti(e)s
vous partez	vous êtes parti(e)s
ils/elles partent	ils/elles sont parti(e)s

imparfait	plus-que-parfait
je partais	j'étais parti(e)
tu partais	tu étais parti(e)
il/elle partait	il/elle était parti(e)
nous partions	nous étions parti(e)s
vous partiez	vous étiez parti(e)s
ils/elles partaient	ils/elles étaient parti(e)s

passé simple	passé antérieur
je partis	je fus parti(e)
tu partis	tu fus parti(e)
il/elle partit	il/elle fut parti(e)
nous partîmes	nous fûmes parti(e)s
vous partîtes	vous fûtes parti(e)s
ils/elles partirent	ils/elles furent parti(e)s

futur simple	futur antérieur
je partirai	je serai parti(e)
tu partiras	tu seras parti(e)
il/elle partira	il/elle sera parti(e)
nous partirons	nous serons parti(e)s
vous partirez	vous serez parti(e)s
ils/elles partiront	ils/elles seront parti(e)s

conditionnel présent	conditionnel passé
je partirais	je serais parti(e)
tu partirais	tu serais parti(e)
il/elle partirait	il/elle serait parti(e)
nous partirions	nous serions parti(e)s
vous partiriez	vous seriez parti(e)s
ils partiraient	ils/elles seraient parti(e)s

subjonctif présent	subjonctif passé
je parte	je sois parti(e)
tu partes	tu sois parti(e)
il/elle parte	il/elle soit parti(e)
nous partions	nous soyons parti(e)s
vous partiez	vous soyez parti(e)s
ils/elles partent	ils/elles soient parti(e)s

subjonctif imparfait	subjonctif plus-que-parfait
je partisse	je fusse parti
tu partisses	tu fusses parti
il/elle partît	il/elle fût parti(e)
nous partissions	nous fussions partis
vous partissiez	vous fussiez partis
ils partissent	ils/elles fussent parti(e)s

impératif présent	impératif passé
pars	sois parti
partons	soyons parti
partez	soyez parti

infinitif présent	infinitif passé
partir	être parti

participe présent	participe passé
partant	parti

gérondif présent	gérondif passé
en partant	en étant parti

38   payer (zahlen)

présent	passé composé
je paye/paie	j'ai payé
tu payes/paies	tu as payé
il/elle paye/paie	il/elle a payé
nous payons	nous avons payé
vous payez	vous avez payé
ils/elles payent/paient	ils/elles ont payé

imparfait	plus-que-parfait
je payais	j'avais payé
tu payais	tu avais payé
il/elle payait	il/elle avait payé
nous payions	nous avions payé
vous payiez	vous aviez payé
ils/elles payaient	ils/elles avaient payé

passé simple	passé antérieur
je payai	j'eus payé
tu payas	tu eus payé
il/elle paya	il/elle eut payé
nous payâmes	nous eûmes payé
vous payâtes	vous eûtes payé
ils/elles payèrent	ils/elles eurent payé

futur simple	futur antérieur
je payerai/paierai	j'aurai payé
tu payeras/paieras	tu auras payé
il/elle payera/paiera	il/elle aura payé
nous payerons/paierons	nous aurons payé
vous payerez/paierez	vous aurez payé
ils/elles payeront/paieront	ils/elles auront payé

conditionnel présent	conditionnel passé
je payerais/paierais	j'aurais payé
tu payerais/paierais	tu aurais payé
il/elle payerait/paierait	il/elle aurait payé
nous payerions/paierions	nous aurions payé
vous payeriez/paieriez	vous auriez payé
ils/elles payeraient/paieraient	ils/elles auraient payé

subjonctif présent	subjonctif passé
je paye/paie	j'aie payé
tu payes/paies	tu aies payé
il/elle paye/paie	il/elle ait payé
nous payions	nous ayons payé
vous payiez	vous ayez payé
ils/elles payent/paient	ils/elles aient payé

subjonctif imparfait	subjonctif plus-que-parfait
je payasse	j'eusse payé
tu payasses	tu eusses payé
il/elle payât	il/elle eût payé
nous payassions	nous eussions payé
vous payassiez	vous eussiez payé
ils/elles payassent	ils/elles eussent payé

impératif présent	impératif passé
paye / paie	aie payé
payons	ayons payé
payez	ayez payé

infinitif présent	infinitif passé
payer	avoir payé

participe présent	participe passé
payant	payé

gérondif présent	gérondif passé
en payant	en ayant payé

39 perdre (verlieren)

présent	passé composé
je perds	j'ai perdu
tu perds	tu as perdu
il/elle perd	il/elle a perdu
nous perdons	nous avons perdu
vous perdez	vous avez perdu
ils/elles perdent	ils/elles ont perdu

imparfait	plus-que-parfait
je perdais	j'avais perdu
tu perdais	tu avais perdu
il/elle perdait	il/elle avait perdu
nous perdions	nous avions perdu
vous perdiez	vous aviez perdu
ils/elles perdaient	ils/elles avaient perdu

passé simple	passé antérieur
je perdis	j'eus perdu
tu perdis	tu eus perdu
il/elle perdit	il/elle eut perdu
nous perdîmes	nous eûmes perdu
vous perdîtes	vous eûtes perdu
ils/elles perdirent	ils/elles eurent perdu

futur simple	futur antérieur
je perdrai	j'aurai perdu
tu perdras	tu auras perdu
il/elle perdra	il/elle aura perdu
nous perdrons	nous aurons perdu
vous perdrez	vous aurez perdu
ils/elles perdront	ils/elles auront perdu

conditionnel présent	conditionnel passé
je perdrais	j'aurais perdu
tu perdrais	tu aurais perdu
il/elle perdrait	il/elle aurait perdu
nous perdrions	nous aurions perdu
vous perdriez	vous auriez perdu
ils/elles perdraient	ils/elles auraient perdu

subjonctif présent	subjonctif passé
je perde	j'aie perdu
tu perdes	tu aies perdu
il/elle perde	il/elle ait perdu
nous perdions	nous ayons perdu
vous perdiez	vous ayez perdu
ils/elles perdent	ils/elles aient perdu

subjonctif imparfait	subjonctif plus-que-parfait
je perdisse	j'eusse perdu
tu perdisses	tu eusses perdu
il/elle perdît	il/elle eût perdu
nous perdissions	nous eussions perdu
vous perdissiez	vous eussiez perdu
ils/elles perdissent	ils/elles eussent perdu

impératif présent	impératif passé
perds	aie perdu
perdons	ayons perdu
perdez	ayez perdu

infinitif présent	infinitif passé
perdre	avoir perdu

participe présent	participe passé
perdant	perdu

gérondif présent	gérondif passé
en perdant	en ayant perdu

40   porter (bringen, tragen)

présent	passé composé
je porte	j'ai porté
tu portes	tu as porté
il/elle porte	il/elle a porté
nous portons	nous avons porté
vous portez	vous avez porté
ils/elles portent	ils/elles ont porté

imparfait	plus-que-parfait
je portais	j'avais porté
tu portais	tu avais porté
il/elle portait	il/elle avait porté
nous portions	nous avions porté
vous portiez	vous aviez porté
ils/elles portaient	ils/elles avaient porté

passé simple	passé antérieur
je portai	j'eus porté
tu portas	tu eus porté
il/elle porta	il/elle eut porté
nous portâmes	nous eûmes porté
vous portâtes	vous eûtes porté
ils/elles portèrent	ils/elles eurent porté

futur simple	futur antérieur
je porterai	j'aurai porté
tu porteras	tu auras porté
il/elle portera	il/elle aura porté
nous porterons	nous aurons porté
vous porterez	vous aurez porté
ils/elles porteront	ils/elles auront porté

conditionnel présent	conditionnel passé
je porterais	j'aurais porté
tu porterais	tu aurais porté
il/elle porterait	il/elle aurait porté
nous porterions	nous aurions porté
vous porteriez	vous auriez porté
ils/elles porteraient	ils/elles auraient porté

subjonctif présent	subjonctif passé
je porte	j'aie porté
tu portes	tu aies porté
il/elle porte	il/elle ait porté
nous portions	nous ayons porté
vous portiez	vous ayez porté
ils/elles portent	ils/elles aient porté

subjonctif imparfait	subjonctif plus-que-parfait
je portasse	j'eusse porté
tu portasses	tu eusses porté
il/elle portât	il/elle eût porté
nous portassions	nous eussions porté
vous portassiez	vous eussiez porté
ils/elles portassent	ils/elles eussent porté

impératif présent	impératif passé
porte	aie porté
portons	ayons porté
portez	ayez porté

infinitif présent	infinitif passé
porter	avoir porté

participe présent	participe passé
portant	porté

gérondif présent	gérondif passé
en portant	en ayant porté

41 pouvoir (können)

présent	passé composé
je peux/puis	j'ai pu
tu peux	tu as pu
il/elle peut	il/elle a pu
nous pouvons	nous avons pu
vous pouvez	vous avez pu
ils/elles peuvent	ils/elles ont pu

imparfait	plus-que-parfait
je pouvais	j'avais pu
tu pouvais	tu avais pu
il/elle pouvait	il/elle avait pu
nous pouvions	nous avions pu
vous pouviez	vous aviez pu
ils/elles pouvaient	ils/elles avaient pu

passé simple	passé antérieur
je pus	j'eus pu
tu pus	tu eus pu
il/elle put	il/elle eut pu
nous pûmes	nous eûmes pu
vous pûtes	vous eûtes pu
ils/elles purent	ils/elles eurent pu

futur simple	futur antérieur
je pourrai	j'aurai pu
tu pourras	tu auras pu
il/elle pourra	il/elle aura pu
nous pourrons	nous aurons pu
vous pourrez	vous aurez pu
ils/elles pourront	ils/elles auront pu

conditionnel présent	conditionnel passé
je pourrais	j'aurais pu
tu pourrais	tu aurais pu
il/elle pourrait	il/elle aurait pu
nous pourrions	nous aurions pu
vous pourriez	vous auriez pu
ils/elles pourraient	ils/elles auraient pu

subjonctif présent	subjonctif passé
je puisse	j'aie pu
tu puisses	tu aies pu
il/elle puisse	il/elle ait pu
nous puissions	nous ayons pu
vous puissiez	vous ayez pu
ils/elles puissent	ils/elles aient pu

subjonctif imparfait	subjonctif plus-que-parfait
je pusse	j'eusse pu
tu pusses	tu eusses pu
il/elle pût	il/elle eût pu
nous pussions	nous eussions pu
vous pussiez	vous eussiez pu
ils/elles pussent	ils/elles eussent pu

impératif présent	impératif passé
-	-
-	-
-	-

infinitif présent	infinitif passé
pouvoir	avoir pu

participe présent	participe passé
pouvant	pu

gérondif présent	gérondif passé
en pouvant	en ayant pu

42   préférer (lieber mögen)

présent	passé composé
je préfère	j'ai préféré
tu préfères	tu as préféré
il/elle préfère	il/elle a préféré
nous préférons	nous avons préféré
vous préférez	vous avez préféré
ils/elles préfèrent	ils/elles ont préféré

imparfait	plus-que-parfait
je préférais	j'avais préféré
tu préférais	tu avais préféré
il/elle préférait	il/elle avait préféré
nous préférions	nous avions préféré
vous préfériez	vous aviez préféré
ils/elles préféraient	ils/elles avaient préféré

passé simple	passé antérieur
je préférai	j'eus préféré
tu préféras	tu eus préféré
il/elle préféra	il/elle eut préféré
nous préférâmes	nous eûmes préféré
vous préférâtes	vous eûtes préféré
ils/elles préférèrent	ils/elles eurent préféré

futur simple	futur antérieur
je préférerai	j'aurai préféré
tu préféreras	tu auras préféré
il/elle préférera	il/elle aura préféré
nous préférerons	nous aurons préféré
vous préférerez	vous aurez préféré
ils/elles préféreront	ils/elles auront préféré

conditionnel présent	conditionnel passé
je préférerais	j'aurais préféré
tu préférerais	tu aurais préféré
il/elle préférerait	il/elle aurait préféré
nous préférerions	nous aurions préféré
vous préféreriez	vous auriez préféré
ils/elles préféreraient	ils/elles auraient préféré

subjonctif présent	subjonctif passé
je préfère	j'aie préféré
tu préfères	tu aies préféré
il/elle préfère	il/elle ait préféré
nous préférions	nous ayons préféré
vous préfériez	vous ayez préféré
ils/elles préfèrent	ils/elles aient préféré

subjonctif imparfait	subjonctif plus-que-parfait
je préférasse	j'eusse préféré
tu préférasses	tu eusses préféré
il/elle préférât	il/elle eût préféré
nous préférassions	nous eussions préféré
vous préférassiez	vous eussiez préféré
ils/elles préférassent	ils/elles eussent préféré

impératif présent	impératif passé
préfère	aie préféré
préférons	ayons préféré
préférez	ayez préféré

infinitif présent	infinitif passé
préférer	avoir préférer

participe présent	participe passé
préférant	préféré

gérondif présent	gérondif passé
en préférant	en ayant préféré

43 prendre (nehmen)

présent	passé composé
je prends	j'ai pris
tu prends	tu as pris
il/elle prend	il/elle a pris
nous prenons	nous avons pris
vous prenez	vous avez pris
ils/elles prennent	ils/elles ont pris

imparfait	plus-que-parfait
je prenais	j'avais pris
tu prenais	tu avais pris
il/elle prenait	il/elle avait pris
nous prenions	nous avions pris
vous preniez	vous aviez pris
ils/elles prenaient	ils/elles avaient pris

passé simple	passé antérieur
je pris	j'eus pris
tu pris	tu eus pris
il/elle prit	il/elle eut pris
nous prîmes	nous eûmes pris
vous prîtes	vous eûtes pris
ils/elles prirent	ils/elles eurent pris

futur simple	futur antérieur
je prendrai	j'aurai pris
tu prendras	tu auras pris
il/elle prendra	il/elle aura pris
nous prendrons	nous aurons pris
vous prendrez	vous aurez pris
ils/elles prendront	ils/elles auront pris

conditionnel présent	conditionnel passé
je prendrais	j'aurais pris
tu prendrais	tu aurais pris
il/elle prendrait	il/elle aurait pris
nous prendrions	nous aurions pris
vous prendriez	vous auriez pris
ils/elles prendraient	ils/elles auraient pris

subjonctif présent	subjonctif passé
je prenne	j'aie pris
tu prennes	tu aies pris
il/elle prenne	il/elle ait pris
nous prenions	nous ayons pris
vous preniez	vous ayez pris
ils/elles prennent	ils/elles aient pris

subjonctif imparfait	subjonctif plus-que-parfait
je prisse	j'eusse pris
tu prisses	tu eusses pris
il/elle prît	il/elle eût pris
nous prissions	nous eussions pris
vous prissiez	vous eussiez pris
ils/elles prissent	ils/elles eussent pris

impératif présent	impératif passé
prends	aie pris
prenons	ayons pris
prenez	ayez pris

infinitif présent	infinitif passé
prendre	avoir pris

participe présent	participe passé
prenant	pris

gérondif présent	gérondif passé
en prenant	en ayant pris

44   préparer (vorbereiten, zubereiten)

présent	passé composé
je prépare	j'ai préparé
tu prépares	tu as préparé
il/elle prépare	il/elle a préparé
nous préparons	nous avons préparé
vous préparez	vous avez préparé
ils/elles préparent	ils/elles ont préparé

imparfait	plus-que-parfait
je préparais	j'avais préparé
tu préparais	tu avais préparé
il/elle préparait	il/elle avait préparé
nous préparions	nous avions préparé
vous prépariez	vous aviez préparé
ils/elles préparaient	ils/elles avaient préparé

passé simple	passé antérieur
je préparai	j'eus préparé
tu préparas	tu eus préparé
il/elle prépara	il/elle eut préparé
nous préparâmes	nous eûmes préparé
vous préparâtes	vous eûtes préparé
ils/elles préparèrent	ils/elles eurent préparé

futur simple	futur antérieur
je préparerai	j'aurai préparé
tu prépareras	tu auras préparé
il/elle préparera	il/elle aura préparé
nous préparerons	nous aurons préparé
vous préparerez	vous aurez préparé
ils/elles prépareront	ils/elles auront préparé

conditionnel présent	conditionnel passé
je préparerais	j'aurais préparé
tu préparerais	tu aurais préparé
il/elle préparerait	il/elle aurait préparé
nous préparerions	nous aurions préparé
vous prépareriez	vous auriez préparé
ils/elles prépareraient	ils/elles auraient préparé

subjonctif présent	subjonctif passé
je prépare	j'aie préparé
tu prépares	tu aies préparé
il/elle prépare	il/elle ait préparé
nous préparions	nous ayons préparé
vous prépariez	vous ayez préparé
ils/elles préparent	ils/elles aient préparé

subjonctif imparfait	subjonctif plus-que-parfait
je préparasse	j'eusse préparé
tu préparasses	tu eusses préparé
il/elle préparât	il/elle eût préparé
nous préparassions	nous eussions préparé
vous préparassiez	vous eussiez préparé
ils/elles préparassent	ils/elles eussent préparé

impératif présent	impératif passé
prépare	aie préparé
préparons	ayons préparé
préparez	ayez préparé

infinitif présent	infinitif passé
préparer	avoir préparé

participe présent	participe passé
préparant	préparé

gérondif présent	gérondif passé
en préparant	en ayant préparé

45   regarder (ansehen)

présent	passé composé
je regarde	j'ai regardé
tu regardes	tu as regardé
il/elle regarde	il/elle a regardé
nous regardons	nous avons regardé
vous regardez	vous avez regardé
ils/elles regardent	ils/elles ont regardé

imparfait	plus-que-parfait
je regardais	j'avais regardé
tu regardais	tu avais regardé
il/elle regardait	il/elle avait regardé
nous regardions	nous avions regardé
vous regardiez	vous aviez regardé
ils/elles regardaient	ils/elles avaient regardé

passé simple	passé antérieur
je regardai	j'eus regardé
tu regardas	tu eus regardé
il/elle regarda	il/elle eut regardé
nous regardâmes	nous eûmes regardé
vous regardâtes	vous eûtes regardé
ils/elles regardèrent	ils/elles eurent regardé

futur simple	futur antérieur
je regarderai	j'aurai regardé
tu regarderas	tu auras regardé
il/elle regardera	il/elle aura regardé
nous regarderons	nous aurons regardé
vous regarderez	vous aurez regardé
ils/elles regarderont	ils/elles auront regardé

conditionnel présent	conditionnel passé
je regarderais	j'aurais regardé
tu regarderais	tu aurais regardé
il/elle regarderait	il/elle aurait regardé
nous regarderions	nous aurions regardé
vous regarderiez	vous auriez regardé
ils/elles regarderaient	ils/elles auraient regardé

subjonctif présent	subjonctif passé
je regarde	j'aie regardé
tu regardes	tu aies regardé
il/elle regarde	il/elle ait regardé
nous regardions	nous ayons regardé
vous regardiez	vous ayez regardé
ils/elles regardent	ils/elles aient regardé

subjonctif imparfait	subjonctif plus-que-parfait
je regardasse	j'eusse regardé
tu regardasses	tu eusses regardé
il/elle regardât	il/elle eût regardé
nous regardassions	nous eussions regardé
vous regardassiez	vous eussiez regardé
ils/elles regardassent	ils/elles eussent regardé

impératif présent	impératif passé
regarde	aie regardé
regardons	ayons regardé
regardez	ayez regardé

infinitif présent	infinitif passé
regarder	avoir regardé

participe présent	participe passé
regardant	regardé

gérondif présent	gérondif passé
en regardant	en ayant regardé

46   rencontrer (treffen)

présent	passé composé
je rencontre	j'ai rencontré
tu rencontres	tu as rencontré
il/elle rencontre	il/elle a rencontré
nous rencontrons	nous avons rencontré
vous rencontrez	vous avez rencontré
ils/elles rencontrent	ils/elles ont rencontré

imparfait	plus-que-parfait
je rencontrais	j'avais rencontré
tu rencontrais	tu avais rencontré
il/elle rencontrait	il/elle avait rencontré
nous rencontrions	nous avions rencontré
vous rencontriez	vous aviez rencontré
ils/elles rencontraient	ils/elles avaient rencontré

passé simple	passé antérieur
je rencontrai	j'eus rencontré
tu rencontras	tu eus rencontré
il/elle rencontra	il/elle eut rencontré
nous rencontrâmes	nous eûmes rencontré
vous rencontrâtes	vous eûtes rencontré
ils/elles rencontrèrent	ils/elles eurent rencontré

futur simple	futur antérieur
je rencontrerai	j'aurai rencontré
tu rencontreras	tu auras rencontré
il/elle rencontrera	il/elle aura rencontré
nous rencontrerons	nous aurons rencontré
vous rencontrerez	vous aurez rencontré
ils/elles rencontreront	ils/elles auront rencontré

conditionnel présent	conditionnel passé
je rencontrerais	j'aurais rencontré
tu rencontrerais	tu aurais rencontré
il/elle rencontrerait	il/elle aurait rencontré
nous rencontrerions	nous aurions rencontré
vous rencontreriez	vous auriez rencontré
ils/elles rencontreraient	ils/elles auraient rencontré

subjonctif présent	subjonctif passé
je rencontre	j'aie rencontré
tu rencontres	tu aies rencontré
il/elle rencontre	il/elle ait rencontré
nous rencontrions	nous ayons rencontré
vous rencontriez	vous ayez rencontré
ils/elles rencontrent	ils/elles aient rencontré

subjonctif imparfait	subjonctif plus-que-parfait
je rencontrasse	j'eusse rencontré
tu rencontrasses	tu eusses rencontré
il/elle rencontrât	il/elle eût rencontré
nous rencontrassions	nous eussions rencontré
vous rencontrassiez	vous eussiez rencontré
ils/elles rencontrassent	ils/elles eussent rencontré

impératif présent	impératif passé
rencontre	aie rencontré
rencontrons	ayons rencontré
rencontrez	ayez rencontré

infinitif présent	infinitif passé
rencontrer	avoir rencontré

participe présent	participe passé
rencontrant	rencontré

gérondif présent	gérondif passé
en rencontrant	en ayant rencontré

47   rester (bleiben)

présent	passé composé
je reste	je suis resté(e)
tu restes	tu es resté(e)
il/elle reste	il/elle est resté(e)
nous restons	nous sommes resté(e)s
vous restez	vous êtes resté(e)s
ils/elles restent	ils/elles sont resté(e)s

imparfait	plus-que-parfait
je restais	j'étais resté(e)
tu restais	tu étais resté(e)
il/elle restait	il/elle était resté(e)
nous restions	nous étions resté(e)s
vous restiez	vous étiez resté(e)s
ils/elles restaient	ils/elles étaient resté(e)s

passé simple	passé antérieur
je restai	je fus resté(e)
tu restas	tu fus resté(e)
il/elle resta	il/elle fut resté(e)
nous restâmes	nous fûmes resté(e)s
vous restâtes	vous fûtes resté(e)s
ils/elles restèrent	ils/elles furent resté(e)s

futur simple	futur antérieur
je resterai	je serai resté(e)
tu resteras	tu seras resté(e)
il/elle restera	il/elle sera resté(e)
nous resterons	nous serons resté(e)s
vous resterez	vous serez resté(e)s
ils/elles resteront	ils/elles seront resté(e)s

conditionnel présent	conditionnel passé
je resterais	je serais resté(e)
tu resterais	tu serais resté(e)
il/elle resterait	il/elle serait resté(e)
nous resterions	nous serions resté(e)s
vous resteriez	vous seriez resté(e)s
ils resteraient	ils/elles seraient resté(e)s

subjonctif présent	subjonctif passé
je reste	je sois resté(e)
tu restes	tu sois resté(e)
il/elle reste	il/elle soit resté(e)
nous restions	nous soyons resté(e)s
vous restiez	vous soyez resté(e)s
ils/elles restent	ils/elles soient resté(e)s

subjonctif imparfait	subjonctif plus-que-parfait
je restasse	je fusse resté(e)
tu restasses	tu fusses resté(e)
il/elle restât	il/elle fût resté(e)
nous restassions	nous fussions resté(e)s
vous restassiez	vous fussiez resté(e)s
ils restassent	ils/elles fussent resté(e)s

impératif présent	impératif passé
reste	sois resté
restons	soyons resté
restez	soyez resté

infinitif présent	infinitif passé
rester	être resté

participe présent	participe passé
restant	resté

gérondif présent	gérondif passé
en restant	en étant resté

48 rire (lachen)

présent	passé composé
je ris	j'ai ri
tu ris	tu as ri
il/elle rit	il/elle a ri
nous rions	nous avons ri
vous riez	vous avez ri
ils/elles rient	ils/elles ont ri

imparfait	plus-que-parfait
je riais	j'avais ri
tu riais	tu avais ri
il/elle riait	il/elle avait ri
nous riions	nous avions ri
vous riiez	vous aviez ri
ils/elles riaient	ils/elles avaient ri

passé simple	passé antérieur
je ris	j'eus ri
tu ris	tu eus ri
il/elle rit	il/elle eut ri
nous rîmes	nous eûmes ri
vous rîtes	vous eûtes ri
ils/elles rirent	ils/elles eurent ri

futur simple	futur antérieur
je rirai	j'aurai ri
tu riras	tu auras ri
il/elle rira	il/elle aura ri
nous rirons	nous aurons ri
vous rirez	vous aurez ri
ils/elles riront	ils/elles auront ri

conditionnel présent	conditionnel passé
je rirais	j'aurais ri
tu rirais	tu aurais ri
il/elle rirait	il/elle aurait ri
nous ririons	nous aurions ri
vous ririez	vous auriez ri
ils/elles riraient	ils/elles auraient ri

subjonctif présent	subjonctif passé
je rie	j'aie ri
tu ries	tu aies ri
il/elle rie	il/elle ait ri
nous riions	nous ayons ri
vous riiez	vous ayez ri
ils/elles rient	ils/elles aient ri

subjonctif imparfait	subjonctif plus-que-parfait
je risse	j'eusse ri
tu risses	tu eusses ri
il/elle rît	il/elle eût ri
nous rissions	nous eussions ri
vous rissiez	vous eussiez ri
ils/elles rissent	ils/elles eussent ri

impératif présent	impératif passé
ris	aie ri
rions	ayons ri
riez	ayez ri

infinitif présent	infinitif passé
rire	avoir ri

participe présent	participe passé
riant	ri

gérondif présent	gérondif passé
en riant	en ayant ri

49   saluer (grüßen)

présent	passé composé
je salue	j'ai salué
tu salues	tu as salué
il/elle salue	il/elle a salué
nous saluons	nous avons salué
vous saluez	vous avez salué
ils/elles saluent	ils/elles ont salué

imparfait	plus-que-parfait
je saluais	j'avais salué
tu saluais	tu avais salué
il/elle saluait	il/elle avait salué
nous saluions	nous avions salué
vous saluiez	vous aviez salué
ils/elles saluaient	ils/elles avaient salué

passé simple	passé antérieur
je saluai	j'avais salué
tu saluas	tu avais salué
il/elle salua	il/elle avait salué
nous saluâmes	nous avions salué
vous saluâtes	vous aviez salué
ils/elles saluèrent	ils/elles avaient salué

futur simple	futur antérieur
je saluerai	j'aurai salué
tu salueras	tu auras salué
il/elle saluera	il/elle aura salué
nous saluerons	nous aurons salué
vous saluerez	vous aurez salué
ils/elles salueront	ils/elles auront salué

conditionnel présent	conditionnel passé
je saluerais	j'aurais salué
tu saluerais	tu aurais salué
il/elle saluerait	il/elle aurait salué
nous saluerions	nous aurions salué
vous salueriez	vous auriez salué
ils/elles salueraient	ils/elles auraient salué

subjonctif présent	subjonctif passé
je salue	j'aie salué
tu salues	tu aies salué
il/elle salue	il/elle ait salué
nous saluions	nous ayons salué
vous saluiez	vous ayez salué
ils/elles saluent	ils/elles aient salué

subjonctif imparfait	subjonctif plus-que-parfait
je saluasse	j'eusse salué
tu saluasses	tu eusses salué
il/elle saluât	il/elle eût salué
nous saluassions	nous eussions salué
vous saluassiez	vous eussiez salué
ils/elles saluassent	ils/elles eussent salué

impératif présent	impératif passé
salue	aie salué
saluons	ayons salué
saluez	ayez salué

infinitif présent	infinitif passé
saluer	avoir salué

participe présent	participe passé
saluant	salué

gérondif présent	gérondif passé
en saluant	en ayant salué

50   s'appeler (heißen)

présent	passé composé
je m'appelle	je me suis appelé(e)
tu t'appelles	tu t'es appelé(e)
il/elle s'appelle	il/elle s'est appelé(e)
nous nous appelons	nous nous sommes appelé(e)s
vous vous appelez	vous vous êtes appelé(e)s
ils/elles s'appellent	ils/elles se sont appelé(e)s

imparfait	plus-que-parfait
je m'appelais	je m'étais appelé(e)
tu t'appelais	tu t'étais appelé(e)
il/elle s'appelait	il/elle s'était appelé(e)
nous nous appelions	nous nous étions appelé(e)s
vous vous appeliez	vous vous étiez appelé(e)s
ils/elles s'appelaient	ils/elles s'étaient appelé(e)s

passé simple	passé antérieur
je m'appelai	je me fus appelé(e)
tu t'appelas	tu te fus appelé(e)
il/elle s'appela	il/elle se fut appelé(e)
nous nous appelâmes	nous nous fûmes appelé(e)s
vous vous appelâtes	vous vous fûtes appelé(e)s
ils/elles s'appelèrent	ils/elles se furent appelé(e)s

futur simple	futur antérieur
je m'appellerai	je me serai appelé(e)
tu t'appelleras	tu te seras appelé(e)
il/elle s'appellera	il/elle se sera appelé(e)
nous nous appellerons	nous nous serons appelé(e)s
vous vous appellerez	vous vous serez appelé(e)s
ils/elles s'appelleront	ils/elles se seront appelé(e)s

conditionnel présent	conditionnel passé
je m'appellerais	je me serais appelé(e)
tu t'appellerais	tu te serais appelé(e)
il/elle s'appellerait	il/elle se serait appelé(e)
nous nous appellerions	nous nous serions appelé(e)s
vous vous appelleriez	vous vous seriez appelé(e)s
ils/elles s'appelleraient	ils/elles se seraient appelé(e)s

subjonctif présent	subjonctif passé
je m'appelle	je me sois appelé(e)
tu t'appelles	tu te sois appelé(e)
il/elle s'appelle	il/elle se soit appelé(e)
nous nous appelions	nous nous soyons appelé(e)s
vous vous appeliez	vous vous soyez appelé(e)s
ils/elles s'appellent	ils/elles se soient appelé(e)s

subjonctif imparfait	subjonctif plus-que-parfait
je m'appelasse	je me fusse appelé(e)
tu t'appelasses	tu te fusses appelé(e)
il/elle s'appelât	il/elle se fût appelé(e)
nous nous appelassions	nous nous fussions appelé(e)s
vous vous appelassiez	vous vous fussiez appelé(e)s
ils/elles s'appelassent	ils/elles se fussent appelé(e)s

impératif présent	impératif passé
appelle-toi	-
appelons-nous	-
appelez-vous	-

infinitif présent	infinitif passé
s'appeler	s'être appelé

participe présent	participe passé
s'appelant	s'appelé

gérondif présent	gérondif passé
en s'appelant	en s'étant appelé

51 s'asseoir (sich setzen)

présent	passé composé
je m'assieds	je me suis assis(e)
tu t'assieds	tu t'es assis(e)
il/elle s'assied	il/elle s'est assis(e)
nous nous asseyons	nous nous sommes assis(es)
vous vous asseyez	vous vous êtes assis(es)
ils/elles s'asseyent	ils/elles se sont assis(es)

imparfait	plus-que-parfait
je m'asseyais	je m'étais assis(e)
tu t'asseyais	tu t'étais assis(e)
il/elle s'asseyait	il/elle s'était assis(e)
nous nous asseyions	nous nous étions assis(es)
vous vous asseyiez	vous vous étiez assis(es)
ils/elles s'asseyaient	ils/elles s'étaient assis(es)

passé simple	passé antérieur
je m'assis	je me fus assis(e)
tu t'assis	tu te fus assis(e)
il/elle s'assit	il/elle se fut assis(e)
nous nous assîmes	nous nous fûmes assis(es)
vous vous assîtes	vous vous fûtes assis(es)
ils/elle s'assirent	ils/elles se furent assis(es)

futur simple	futur antérieur
je m'assiérai	je me serai assis(e)
tu t'assiéras	tu te seras assis(e)
il/elle s'assiéra	il/elle se sera assis(e)
nous nous assiérons	nous nous serons assis(es)
vous vous assiérez	vous vous serez assis(es)
ils/elles s'assiéront	ils/elles se seront assis(es)

conditionnel présent	conditionnel passé
je m'assiérais	je me serais assis(e)
tu t'assiérais	tu te serais assis(e)
il/elle s'assiérait	il/elle se serait assis(e)
nous nous assiérions	nous nous serions assis(es)
vous vous assiériez	vous vous seriez assis(es)
ils/elles s'assiéraient	ils/elles se seraient assis(es)

subjonctif présent	subjonctif passé
je m'asseye	je me sois assis(e)
tu t'asseyes	tu te sois assis(e)
il/elle s'asseye	il/elle se soit assis(e)
nous nous asseyions	nous nous soyons assis(es)
vous vous asseyiez	vous vous soyez assis(es)
ils/elles s'asseyent	ils/elles se soient assis(es)

subjonctif imparfait	subjonctif plus-que-parfait
je m'assisse	je me fusse assis(e)
tu t'assisses	tu te fusses assis(e)
il/elle s'assît	il/elle se fût assis(e)
nous nous assissions	nous nous fussions assis(es)
vous vous assissiez	vous vous fussiez assis(es)
ils/elles s'assissent	ils/elles se fussent assis(es)

impératif présent	impératif passé
assieds-toi	-
asseyons-nous	-
asseyez-vous	-

infinitif présent	infinitif passé
s'asseoir	s'être assis

participe présent	participe passé
s'asseyant	assis

gérondif présent	gérondif passé
en s'asseyant	en s'étant assis

52 savoir (wissen)

présent	passé composé
je sais	j'ai su
tu sais	tu as su
il/elle sait	il/elle a su
nous savons	nous avons su
vous savez	vous avez su
ils/elles savent	ils/elles ont su

imparfait	plus-que-parfait
je savais	j'avais su
tu savais	tu avais su
il/elle savait	il/elle avait su
nous savions	nous avions su
vous saviez	vous aviez su
ils/elles savaient	ils/elles avaient su

passé simple	passé antérieur
je sus	j'eus su
tu sus	tu eus su
il/elle sut	il/elle eut su
nous sûmes	nous eûmes su
vous sûtes	vous eûtes su
ils/elles surent	ils/elles eurent su

futur simple	futur antérieur
je saurai	j'aurai su
tu sauras	tu auras su
il/elle saura	il/elle aura su
nous saurons	nous aurons su
vous saurez	vous aurez su
ils/elles sauront	ils/elles auront su

conditionnel présent	conditionnel passé
je saurais	j'aurais su
tu saurais	tu aurais su
il/elle saurait	il/elle aurait su
nous saurions	nous aurions su
vous sauriez	vous auriez su
ils/elles sauraient	ils/elles auraient su

subjonctif présent	subjonctif passé
je sache	j'aie su
tu saches	tu aies su
il/elle sache	il/elle ait su
nous sachions	nous ayons su
vous sachiez	vous ayez su
ils/elles sachent	ils/elles aient su

subjonctif imparfait	subjonctif plus-que-parfait
je susse	j'eusse su
tu susses	tu eusses su
il/elle sût	il/elle eût su
nous sussions	nous eussions su
vous sussiez	vous eussiez su
ils/elles sussent	ils/elles eussent su

impératif présent	impératif passé
sache	aie su
sachons	ayons su
sachez	ayez su

infinitif présent	infinitif passé
savoir	avoir su

participe présent	participe passé
sachant	su

gérondif présent	gérondif passé
en sachant	en ayant su

53   se lever (aufstehen)

présent	passé composé
je me lève	je me suis levé(e)
tu te lèves	tu t'es levé(e)
il/elle se lève	il/elle s'est levé(e)
nous nous levons	nous nous sommes levé(e)s
vous vous levez	vous vous êtes levé(e)s
ils/elles se lèvent	ils/elles se sont levé(e)s

imparfait	plus-que-parfait
je me levais	je m'étais levé(e)
tu te levais	tu t'étais levé(e)
il/elle se levait	il/elle s'était levé(e)
nous nous levions	nous nous étions levé(e)s
vous vous leviez	vous vous étiez levé(e)s
ils/elles se levaient	ils/elles s'étaient levé(e)s

passé simple	passé antérieur
je me levai	je me fus levé(e)
tu te levas	tu te fus levé(e)
il/elle se leva	il/elle se fut levé(e)
nous nous levâmes	nous nous fûmes levé(e)s
vous vous levâtes	vous vous fûtes levé(e)s
ils/elles se levèrent	ils/elles se furent levé(e)s

futur simple	futur antérieur
je me lèverai	je me serai levé(e)
tu te lèveras	tu te seras levé(e)
il/elle se lèvera	il/elle se sera levé(e)
nous nous lèverons	nous nous serons levé(e)s
vous vous lèverez	vous vous serez levé(e)s
ils/elles se lèveront	ils/elles se seront levé(e)s

conditionnel présent	conditionnel passé
je me lèverais	je me serais levé(e)
tu te lèverais	tu te serais levé(e)
il/elle se lèverait	il/elle se serait levé(e)
nous nous lèverions	nous nous serions levé(e)s
vous vous lèveriez	vous vous seriez levé(e)s
ils/elles se lèveraient	ils/elles se seraient levé(e)s

subjonctif présent	subjonctif passé
je me lève	je me sois levé(e)
tu te lèves	tu te sois levé(e)
il/elle se lève	il/elle se soit levé(e)
nous nous levions	nous nous soyons levé(e)s
vous vous leviez	vous vous soyez levé(e)s
ils/elles se lèvent	ils/elles se soient levé(e)s

subjonctif imparfait	subjonctif plus-que-parfait
je me levasse	je me fusse levé(e)
tu te levasses	tu te fusses levé(e)
il/elle se levât	il/elle se fût levé(e)
nous nous levassions	nous nous fussions levé(e)s
vous vous levassiez	vous vous fussiez levé(e)s
ils/elles se levassent	ils/elles se fussent levé(e)s

impératif présent	impératif passé
lève-toi	-
levons-nous	-
levez-vous	-

infinitif présent	infinitif passé
se lever	s'être levé

participe présent	participe passé
se levant	levé

gérondif présent	gérondif passé
en se levant	en s'étant levé

54 se réveiller (aufwachen)

présent	passé composé
je me réveille	je me suis réveillé(e)
tu te réveilles	tu t'es réveillé(e)
il/elle se réveille	il/elle s'est réveillé(e)
nous nous réveillons	nous nous sommes réveillé(e)s
vous vous réveillez	vous vous êtes réveillé(e)s
ils/elles se réveillent	ils/elles se sont réveillé(e)s

imparfait	plus-que-parfait
je me réveillais	je m'étais réveillé(e)
tu te réveillais	tu t'étais réveillé(e)
il/elle se réveillait	il/elle s'était réveillé(e)
nous nous réveillions	nous nous étions réveillé(e)s
vous vous réveilliez	vous vous étiez réveillé(e)s
ils/elles se réveillaient	ils/elles s'étaient réveillé(e)s

passé simple	passé antérieur
je me réveillai	je me fus réveillé(e)
tu te réveillas	tu te fus réveillé(e)
il/elle se réveilla	il/elle se fut réveillé(e)
nous nous réveillâmes	nous nous fûmes réveillé(e)s
vous vous réveillâtes	vous vous fûtes réveillé(e)s
ils/elles se réveillèrent	ils/elles se furent réveillé(e)s

futur simple	futur antérieur
je me réveillerai	je me serai réveillé(e)
tu te réveilleras	tu te seras réveillé(e)
il/elle se réveillera	il/elle se sera réveillé(e)
nous nous réveillerons	nous nous serons réveillé(e)s
vous vous réveillerez	vous vous serez réveillé(e)s
ils/elles se réveilleront	ils/elles se seront réveillé(e)s

conditionnel présent	conditionnel passé
je me réveillerais	je me serais réveillé(e)
tu te réveillerais	tu te serais réveillé(e)
il/elle se réveillerait	il/elle se serait réveillé(e)
nous nous réveillerions	nous nous serions réveillé(e)s
vous vous réveilleriez	vous vous seriez réveillé(e)s
ils/elles se réveilleraient	ils/elles se seraient réveillé(e)s

subjonctif présent	subjonctif passé
je me réveille	je me sois réveillé(e)
tu te réveilles	tu te sois réveillé(e)
il/elle se réveille	il/elle se soit réveillé(e)
nous nous réveillions	nous nous soyons réveillé(e)s
vous vous réveilliez	vous vous soyez réveillé(e)s
ils/elles se réveillent	ils/elles se soient réveillé(e)s

subjonctif imparfait	subjonctif plus-que-parfait
je me réveillasse	je me fusse réveillé(e)
tu te réveillasses	tu te fusses réveillé(e)
il/elle se réveillât	il/elle se fût réveillé(e)
nous nous réveillassions	nous nous fussions réveillé(e)s
vous vous réveillassiez	vous vous fussiez réveillé(e)s
ils/elles se réveillassent	ils/elles se fussent réveillé(e)s

impératif présent	impératif passé
réveille-toi	-
réveillons-nous	-
réveillez-vous	-

infinitif présent	infinitif passé
se réveiller	s'être réveillé

participe présent	participe passé
se réveillant	se réveillé

gérondif présent	gérondif passé
en se réveillant	en s'étant réveillé

55 sentir (schmecken, riechen, spüren)

présent	passé composé
je sens	j'ai senti
tu sens	tu as senti
il/elle sent	il/elle a senti
nous sentons	nous avons senti
vous sentez	vous avez senti
ils/elles sentent	ils/elles ont senti

imparfait	plus-que-parfait
je sentais	j'avais senti
tu sentais	tu avais senti
il/elle sentait	il/elle avait senti
nous sentions	nous avions senti
vous sentiez	vous aviez senti
ils/elles sentaient	ils/elles avaient senti

passé simple	passé antérieur
je sentis	j'eus senti
tu sentis	tu eus senti
il/elle sentit	il/elle eut senti
nous sentîmes	nous eûmes senti
vous sentîtes	vous eûtes senti
ils/elles sentirent	ils/elles eurent senti

futur simple	futur antérieur
je sentirai	j'aurai senti
tu sentiras	tu auras senti
il/elle sentira	il/elle aura senti
nous sentirons	nous aurons senti
vous sentirez	vous aurez senti
ils/elles sentiront	ils/elles auront senti

conditionnel présent	conditionnel passé
je sentirais	j'aurais senti
tu sentirais	tu aurais senti
il/elle sentirait	il/elle aurait senti
nous sentirions	nous aurions senti
vous sentiriez	vous auriez senti
ils/elles sentiraient	ils/elles auraient senti

subjonctif présent	subjonctif passé
je sente	j'aie senti
tu sentes	tu aies senti
il/elle sente	il/elle ait senti
nous sentions	nous ayons senti
vous sentiez	vous ayez senti
ils/elles sentent	ils/elles aient senti

subjonctif imparfait	subjonctif plus-que-parfait
je sentisse	j'eusse senti
tu sentisses	tu eusses senti
il/elle sentît	il/elle eût senti
nous sentissions	nous eussions senti
vous sentissiez	vous eussiez senti
ils/elles sentissent	ils/elles eussent senti

impératif présent	impératif passé
sens	aie senti
sentons	ayons senti
sentez	ayez senti

infinitif présent	infinitif passé
sentir	avoir senti

participe présent	participe passé
sentant	senti

gérondif présent	gérondif passé
en sentant	en ayant senti

56   s'habiller (sich anziehen)

présent	passé composé
je m'habille	je me suis habillé(e)
tu t'habilles	tu t'es habillé(e)
il/elle s'habille	il/elle s'est habillé(e)
nous nous habillons	nous nous sommes habillé(e)s
vous vous habillez	vous vous êtes habillé(e)s
ils/elles s'habillent	ils/elles se sont habillé(e)s

imparfait	plus-que-parfait
je m'habillais	je m'étais habillé(e)
tu t'habillais	tu t'étais habillé(e)
il/elle s'habillait	il/elle s'était habillé(e)
nous nous habillions	nous nous étions habillé(e)s
vous vous habilliez	vous vous étiez habillé(e)s
ils/elles s'habillaient	ils/elles s'étaient habillé(e)s

passé simple	passé antérieur
je m'habillai	je me fus habillé(e)
tu t'habillas	tu te fus habillé(e)
il/elle s'habilla	il/elle se fut habillé(e)
nous nous habillâmes	nous nous fûmes habillé(e)s
vous vous habillâtes	vous vous fûtes habillé(e)s
ils/elles s'habillèrent	ils/elles se furent habillé(e)s

futur simple	futur antérieur
je m'habillerai	je me serai habillé(e)
tu t'habilleras	tu te seras habillé(e)
il/elle s'habillera	il/elle se sera habillé(e)
nous nous habillerons	nous nous serons habillé(e)s
vous vous habillerez	vous vous serez habillé(e)s
ils/elles s'habilleront	ils/elles se seront habillé(e)s

conditionnel présent	conditionnel passé
je m'habillerais	je me serais habillé(e)
tu t'habillerais	tu te serais habillé(e)
il/elle s'habillerait	il/elle se serait habillé(e)
nous nous habillerions	nous nous serions habillé(e)s
vous vous habilleriez	vous vous seriez habillé(e)s
ils/elles s'habilleraient	ils/elles se seraient habillé(e)s

subjonctif présent	subjonctif passé
je m'habille	je me sois habillé(e)
tu t'habilles	tu te sois habillé(e)
il/elle s'habille	il/elle se soit habillé(e)
nous nous habillions	nous nous soyons habillé(e)s
vous vous habilliez	vous vous soyez habillé(e)s
ils/elles s'habillent	ils/elles se soient habillé(e)s

subjonctif imparfait	subjonctif plus-que-parfait
je m'habillasse	je me fusse habillé(e)
tu t'habillasses	tu te fusses habillé(e)
il/elle s'habillât	il/elle se fût habillé(e)
nous nous habillassions	nous nous fussions habillé(e)s
vous vous habillassiez	vous vous fussiez habillé(e)s
ils/elles s'habillassent	ils/elles se fussent habillé(e)s

impératif présent	impératif passé
habille-toi	-
habillons-nous	-
habillez-vous	-

infinitif présent	infinitif passé
s'habiller	s'être habillé

participe présent	participe passé
s'habillant	s'habillé

gérondif présent	gérondif passé
en s'habillant	en s'étant habillé

57   sortir (ausgehen, hinausgehen)

présent	passé composé
je sors	je suis sorti(e)
tu sors	tu es sorti(e)
il/elle sort	il/elle est sorti(e)
nous sortons	nous sommes sorti(e)s
vous sortez	vous êtes sorti(e)s
ils/elles sortent	ils/elles sont sorti(e)s

imparfait	plus-que-parfait
je sortais	j'étais sorti(e)
tu sortais	tu étais sorti(e)
il/elle sortait	il/elle était sorti(e)
nous sortions	nous étions sorti(e)s
vous sortiez	vous étiez sorti(e)s
ils/elles sortaient	ils/elles étaient sorti(e)s

passé simple	passé antérieur
je sortis	je fus sorti(e)
tu sortis	tu fus sorti(e)
il/elle sortit	il/elle fut sorti(e)
nous sortîmes	nous fûmes sorti(e)s
vous sortîtes	vous fûtes sorti(e)s
ils/elles sortirent	ils/elles furent sorti(e)s

futur simple	futur antérieur
je sortirai	je serai sorti(e)
tu sortiras	tu seras sorti(e)
il/elle sortira	il/elle sera sorti(e)
nous sortirons	nous serons sorti(e)s
vous sortirez	vous serez sorti(e)s
ils/elles sortiront	ils/elles seront sorti(e)s

conditionnel présent	conditionnel passé
je sortirais	je serais sorti(e)
tu sortirais	tu serais sorti(e)
il/elle sortirait	il/elle serait sorti(e)
nous sortirions	nous serions sorti(e)s
vous sortiriez	vous seriez sorti(e)s
ils sortiraient	ils/elles seraient sorti(e)s

subjonctif présent	subjonctif passé
je sorte	je sois sorti(e)
tu sortes	tu sois sorti(e)
il/elle sorte	il/elle soit sorti(e)
nous sortions	nous soyons sorti(e)s
vous sortiez	vous soyez sorti(e)s
ils/elles sortent	ils/elles soient sorti(e)s

subjonctif imparfait	subjonctif plus-que-parfait
je sortisse	je fusse sorti(e)
tu sortisses	tu fusses sorti(e)
il/elle sortît	il/elle fût sorti(e)
nous sortissions	nous fussions sorti(e)s
vous sortissiez	vous fussiez sorti(e)s
ils sortissent	ils/elles fussent sorti(e)s

impératif présent	impératif passé
sors	sois sorti
sortons	soyons sorti
sortez	soyez sorti

infinitif présent	infinitif passé
sortir	être sorti

participe présent	participe passé
sortant	sorti

gérondif présent	gérondif passé
en sortant	en étant sorti

58 téléphoner (telefonieren, anrufen)

présent	passé composé
je téléphone	j'ai téléphoné
tu téléphones	tu as téléphoné
il/elle téléphone	il/elle a téléphoné
nous téléphonons	nous avons téléphoné
vous téléphonez	vous avez téléphoné
ils/elles téléphonent	ils/elles ont téléphoné

imparfait	plus-que-parfait
je téléphonais	j'avais téléphoné
tu téléphonais	tu avais téléphoné
il/elle téléphonait	il/elle avait téléphoné
nous téléphonions	nous avions téléphoné
vous téléphoniez	vous aviez téléphoné
ils/elles téléphonaient	ils/elles avaient téléphoné

passé simple	passé antérieur
je téléphonai	j'eus téléphoné
tu téléphonas	tu eus téléphoné
il/elle téléphona	il/elle eut téléphoné
nous téléphonâmes	nous eûmes téléphoné
vous téléphonâtes	vous eûtes téléphoné
ils/elles téléphonèrent	ils/elles eurent téléphoné

futur simple	futur antérieur
je téléphonerai	j'aurai téléphoné
tu téléphoneras	tu auras téléphoné
il/elle téléphonera	il/elle aura téléphoné
nous téléphonerons	nous aurons téléphoné
vous téléphonerez	vous aurez téléphoné
ils/elles téléphoneront	ils/elles auront téléphoné

conditionnel présent	conditionnel passé
je téléphonerais	j'aurais téléphoné
tu téléphonerais	tu aurais téléphoné
il/elle téléphonerait	il/elle aurait téléphoné
nous téléphonerions	nous aurions téléphoné
vous téléphoneriez	vous auriez téléphoné
ils/elles téléphoneraient	ils/elles auraient téléphoné

subjonctif présent	subjonctif passé
je téléphone	j'aie téléphoné
tu téléphones	tu aies téléphoné
il/elle téléphone	il/elle ait téléphoné
nous téléphonions	nous ayons téléphoné
vous téléphoniez	vous ayez téléphoné
ils/elles téléphonent	ils/elles aient téléphoné

subjonctif imparfait	subjonctif plus-que-parfait
je téléphonasse	j'eusse téléphoné
tu téléphonasses	tu eusses téléphoné
il/elle téléphonât	il/elle eût téléphoné
nous téléphonassions	nous eussions téléphoné
vous téléphonassiez	vous eussiez téléphoné
ils/elles téléphonassent	ils/elles eussent téléphoné

impératif présent	impératif passé
téléphone	aie téléphoné
téléphonons	ayons téléphoné
téléphonez	ayez téléphoné

infinitif présent	infinitif passé
téléphoner	téléphoner

participe présent	participe passé
téléphonant	téléphoné

gérondif présent	gérondif passé
en téléphonant	en ayant téléphoné

59   tenir (halten)

présent	passé composé
je tiens	j'ai tenu
tu tiens	tu as tenu
il/elle tient	il/elle a tenu
nous tenons	nous avons tenu
vous tenez	vous avez tenu
ils/elles tiennent	ils/elles ont tenu

imparfait	plus-que-parfait
je tenais	j'avais tenu
tu tenais	tu avais tenu
il/elle tenait	il/elle avait tenu
nous tenions	nous avions tenu
vous teniez	vous aviez tenu
ils/elles tenaient	ils/elles avaient tenu

passé simple	passé antérieur
je tins	j'ai tenu
tu tins	tu as tenu
il/elle tint	il/elle a tenu
nous tînmes	nous avons tenu
vous tîntes	vous avez tenu
ils/elles tinrent	ils/elles ont tenu

futur simple	futur antérieur
je tiendrai	j'aurai tenu
tu tiendras	tu auras tenu
il/elle tiendra	il/elle aura tenu
nous tiendrons	nous aurons tenu
vous tiendrez	vous aurez tenu
ils/elles tiendront	ils/elles auront tenu

conditionnel présent	conditionnel passé
je tiendrais	j'aurais tenu
tu tiendrais	tu aurais tenu
il/elle tiendrait	il/elle aurait tenu
nous tiendrions	nous aurions tenu
vous tiendriez	vous auriez tenu
ils/elles tiendraient	ils/elles auraient tenu

subjonctif présent	subjonctif passé
je tienne	j'aie tenu
tu tiennes	tu aies tenu
il/elle tienne	il/elle ait tenu
nous tenions	nous ayons tenu
vous teniez	vous ayez tenu
ils/elles tiennent	ils/elles aient tenu

subjonctif imparfait	subjonctif plus-que-parfait
je tinsse	j'eusse tenu
tu tinsses	tu eusses tenu
il/elle tînt	il/elle eût tenu
nous tinssions	nous eussions tenu
vous tinssiez	vous eussiez tenu
ils/elles tinssent	ils/elles eussent tenu

impératif présent	impératif passé
tiens	aie tenu
tenons	ayons tenu
tenez	ayez tenu

infinitif présent	infinitif passé
tenir	avoir tenu

participe présent	participe passé
tenant	tenu

gérondif présent	gérondif passé
en tenant	en ayant tenu

60   travailler (arbeiten)

présent	passé composé
je travaille	j'ai travaillé
tu travailles	tu as travaillé
il/elle travaille	il/elle a travaillé
nous travaillons	nous avons travaillé
vous travaillez	vous avez travaillé
ils/elles travaillent	ils/elles ont travaillé

imparfait	plus-que-parfait
je travaillais	j'avais travaillé
tu travaillais	tu avais travaillé
il/elle travaillait	il/elle avait travaillé
nous travaillions	nous avions travaillé
vous travailliez	vous aviez travaillé
ils/elles travaillaient	ils/elles avaient travaillé

passé simple	passé antérieur
je travaillai	j'eus travaillé
tu travaillas	tu eus travaillé
il/elle travailla	il/elle eut travaillé
nous travaillâmes	nous eûmes travaillé
vous travaillâtes	vous eûtes travaillé
ils/elles travaillèrent	ils/elles eurent travaillé

futur simple	futur antérieur
je travaillerai	j'aurai travaillé
tu travailleras	tu auras travaillé
il/elle travaillera	il/elle aura travaillé
nous travaillerons	nous aurons travaillé
vous travaillerez	vous aurez travaillé
ils/elles travailleront	ils/elles auront travaillé

conditionnel présent	conditionnel passé
je travaillerais	j'aurais travaillé
tu travaillerais	tu aurais travaillé
il/elle travaillerait	il/elle aurait travaillé
nous travaillerions	nous aurions travaillé
vous travailleriez	vous auriez travaillé
ils/elles travailleraient	ils/elles auraient travaillé

subjonctif présent	subjonctif passé
je travaille	j'aie travaillé
tu travailles	tu aies travaillé
il/elle travaille	il/elle ait travaillé
nous travaillions	nous ayons travaillé
vous travailliez	vous ayez travaillé
ils/elles travaillent	ils/elles aient travaillé

subjonctif imparfait	subjonctif plus-que-parfait
je travaillasse	j'eusse travaillé
tu travaillasses	tu eusses travaillé
il/elle travaillât	il/elle eût travaillé
nous travaillassions	nous eussions travaillé
vous travaillassiez	vous eussiez travaillé
ils/elles travaillassent	ils/elles eussent travaillé

impératif présent	impératif passé
travaille	aie travaillé
travaillons	ayons travaillé
travaillez	ayez travaillé

infinitif présent	infinitif passé
travailler	avoir travaillé

participe présent	participe passé
travaillant	travaillé

gérondif présent	gérondif passé
en travaillant	en ayant travaillé

61 venir (kommen, ankommen)

présent	passé composé
je viens	je suis venu(e)
tu viens	tu es venu(e)
il/elle vient	il/elle est venu(e)
nous venons	nous sommes venu(e)s
vous venez	vous êtes venu(e)s
ils/elles viennent	ils/elles sont venu(e)s

imparfait	plus-que-parfait
je venais	j'étais venu(e)
tu venais	tu étais venu(e)
il/elle venait	il/elle était venu(e)
nous venions	nous étions venu(e)s
vous veniez	vous étiez venu(e)s
ils/elles venaient	ils/elles étaient venu(e)s

passé simple	passé antérieur
je vins	je fus venu(e)
tu vins	tu fus venu(e)
il/elle vint	il/elle fut venu(e)
nous vînmes	nous fûmes venu(e)s
vous vîntes	vous fûtes venu(e)s
ils/elles vinrent	ils/elles furent venu(e)s

futur simple	futur antérieur
je viendrai	je serai venu(e)
tu viendras	tu seras venu(e)
il/elle viendra	il/elle sera venu(e)
nous viendrons	nous serons venu(e)s
vous viendrez	vous serez venu(e)s
ils/elles viendront	ils/elles seront venu(e)s

conditionnel présent	conditionnel passé
je viendrais	je serais venu(e)
tu viendrais	tu serais venu(e)
il/elle viendrait	il/elle serait venu(e)
nous viendrions	nous serions venu(e)s
vous viendriez	vous seriez venu(e)s
ils viendraient	ils/elles seraient venu(e)s

subjonctif présent	subjonctif passé
je vienne	je sois venu(e)
tu viennes	tu sois venu(e)
il/elle vienne	il/elle soit venu(e)
nous venions	nous soyons venu(e)s
vous veniez	vous soyez venu(e)s
ils/elles viennent	ils/elles soient venu(e)s

subjonctif imparfait	subjonctif plus-que-parfait
je vinsse	je fusse venu(e)
tu vinsses	tu fusses venu(e)
il/elle vînt	il/elle fût venu(e)
nous vinssions	nous fussions venu(e)s
vous vinssiez	vous fussiez venu(e)s
ils vinssent	ils/elles fussent venu(e)s

impératif présent	impératif passé
viens	sois venu
venons	soyons venu
venez	soyez venu

infinitif présent	infinitif passé
venir	être venu

participe présent	participe passé
venant	venu

gérondif présent	gérondif passé
en venant	en étant venu

62   vivre (leben)

présent	passé composé
je vis	j'ai vécu
tu vis	tu as vécu
il/elle vit	il/elle a vécu
nous vivons	nous avons vécu
vous vivez	vous avez vécu
ils/elles vivent	ils/elles ont vécu

imparfait	plus-que-parfait
je vivais	j'avais vécu
tu vivais	tu avais vécu
il/elle vivait	il/elle avait vécu
nous vivions	nous avions vécu
vous viviez	vous aviez vécu
ils/elles vivaient	ils/elles avaient vécu

passé simple	passé antérieur
je vécus	j'eus vécu
tu vécus	tu eus vécu
il/elle vécut	il/elle eut vécu
nous vécûmes	nous eûmes vécu
vous vécûtes	vous eûtes vécu
ils/elles vécurent	ils/elles eurent vécu

futur simple	futur antérieur
je vivrai	j'aurai vécu
tu vivras	tu auras vécu
il/elle vivra	il/elle aura vécu
nous vivrons	nous aurons vécu
vous vivrez	vous aurez vécu
ils/elles vivront	ils/elles auront vécu

conditionnel présent	conditionnel passé
je vivrais	j'aurais vécu
tu vivrais	tu aurais vécu
il/elle vivrait	il/elle aurait vécu
nous vivrions	nous aurions vécu
vous vivriez	vous auriez vécu
ils/elles vivraient	ils/elles auraient vécu

subjonctif présent	subjonctif passé
je vive	j'aie vécu
tu vives	tu aies vécu
il/elle vive	il/elle ait vécu
nous vivions	nous ayons vécu
vous viviez	vous ayez vécu
ils/elles vivent	ils/elles aient vécu

subjonctif imparfait	subjonctif plus-que-parfait
je vécusse	j'eusse vécu
tu vécusses	tu eusses vécu
il/elle vécût	il/elle eût vécu
nous vécussions	nous eussions vécu
vous vécussiez	vous eussiez vécu
ils/elles vécussent	ils/elles eussent vécu

impératif présent	impératif passé
vis	aie vécu
vivons	ayons vécu
vivez	ayez vécu

infinitif présent	infinitif passé
vivre	avoir vécu

participe présent	participe passé
vivant	vécu

gérondif présent	gérondif passé
en vivant	en ayant vécu

63 voir (sehen)

présent	passé composé
je vois	j'ai vu
tu vois	tu as vu
il/elle voit	il/elle a vu
nous voyons	nous avons vu
vous voyez	vous avez vu
ils/elles voient	ils/elles ont vu

imparfait	plus-que-parfait
je voyais	j'avais vu
tu voyais	tu avais vu
il/elle voyait	il/elle avait vu
nous voyions	nous avions vu
vous voyiez	vous aviez vu
ils/elles voyaient	ils/elles avaient vu

passé simple	passé antérieur
je vis	j'eus vu
tu vis	tu eus vu
il/elle vit	il/elle eut vu
nous vîmes	nous eûmes vu
vous vîtes	vous eûtes vu
ils/elles virent	ils/elles eurent vu

futur simple	futur antérieur
je verrai	j'aurai vu
tu verras	tu auras vu
il/elle verra	il/elle aura vu
nous verrons	nous aurons vu
vous verrez	vous aurez vu
ils/elles verront	ils/elles auront vu

conditionnel présent	conditionnel passé
je verrais	j'aurais vu
tu verrais	tu aurais vu
il/elle verrait	il/elle aurait vu
nous verrions	nous aurions vu
vous verriez	vous auriez vu
ils/elles verraient	ils/elles auraient vu

subjonctif présent	subjonctif passé
je voie	j'aie vu
tu voies	tu aies vu
il/elle voie	il/elle ait vu
nous voyions	nous ayons vu
vous voyiez	vous ayez vu
ils/elles voient	ils/elles aient vu

subjonctif imparfait	subjonctif plus-que-parfait
je visse	j'eusse vu
tu visses	tu eusses vu
il/elle vît	il/elle eût vu
nous vissions	nous eussions vu
vous vissiez	vous eussiez vu
ils/elles vissent	ils/elles eussent vu

impératif présent	impératif passé
vois	aie vu
voyons	ayons vu
voyez	ayez vu

infinitif présent	infinitif passé
voir	avoir vu

participe présent	participe passé
voyant	vu

gérondif présent	gérondif passé
en voyant	en ayant vu

64   vouloir (wollen)

présent	passé composé
je veux	j'ai voulu
tu veux	tu as voulu
il/elle veut	il/elle a voulu
nous voulons	nous avons voulu
vous voulez	vous avez voulu
ils/elles veulent	ils/elles ont voulu

imparfait	plus-que-parfait
je voulais	j'avais voulu
tu voulais	tu avais voulu
il/elle voulait	il/elle avait voulu
nous voulions	nous avions voulu
vous vouliez	vous aviez voulu
ils/elles voulaient	ils/elles avaient voulu

passé simple	passé antérieur
je voulus	j'eus voulu
tu voulus	tu eus voulu
il/elle voulut	il/elle eut voulu
nous voulûmes	nous eûmes voulu
vous voulûtes	vous eûtes voulu
ils/elles voulurent	ils/elles eurent voulu

futur simple	futur antérieur
je voudrai	j'aurai voulu
tu voudras	tu auras voulu
il/elle voudra	il/elle aura voulu
nous voudrons	nous aurons voulu
vous voudrez	vous aurez voulu
ils/elles voudront	ils/elles auront voulu

conditionnel présent	conditionnel passé
je voudrais	j'aurais voulu
tu voudrais	tu aurais voulu
il/elle voudrait	il/elle aurait voulu
nous voudrions	nous aurions voulu
vous voudriez	vous auriez voulu
ils/elles voudraient	ils/elles auraient voulu

subjonctif présent	subjonctif passé
je veuille	j'aie voulu
tu veuilles	tu aies voulu
il/elle veuille	il/elle ait voulu
nous voulions	nous ayons voulu
vous vouliez	vous ayez voulu
ils/elles veuillent	ils/elles aient voulu

subjonctif imparfait	subjonctif plus-que-parfait
je voulusse	j'eusse voulu
tu voulusses	tu eusses voulu
il/elle voulût	il/elle eût voulu
nous voulussions	nous eussions voulu
vous voulussiez	vous eussiez voulu
ils/elles voulussent	ils/elles eussent voulu

impératif présent	impératif passé
veux/veuille	aie voulu
voulons	ayons voulu
voulez/veuillez	ayez voulu

infinitif présent	infinitif passé
vouloir	avoir voulu

participe présent	participe passé
voulant	voulu

gérondif présent	gérondif passé
en voulant	en ayant voulu

65 voyager (reisen)

présent	passé composé
je voyage	j'ai voyagé
tu voyages	tu as voyagé
il/elle voyage	il/elle a voyagé
nous voyageons	nous avons voyagé
vous voyagez	vous avez voyagé
ils/elles voyagent	ils/elles ont voyagé

imparfait	plus-que-parfait
je voyageais	j'avais voyagé
tu voyageais	tu avais voyagé
il/elle voyageait	il/elle avait voyagé
nous voyagions	nous avions voyagé
vous voyagiez	vous aviez voyagé
ils/elles voyageaient	ils/elles avaient voyagé

passé simple	passé antérieur
je voyageai	j'eus voyagé
tu voyageas	tu eus voyagé
il/elle voyagea	il/elle eut voyagé
nous voyageâmes	nous eûmes voyagé
vous voyageâtes	vous eûtes voyagé
ils/elles voyagèrent	ils/elles eurent voyagé

futur simple	futur antérieur
je voyagerai	j'aurai voyagé
tu voyageras	tu auras voyagé
il/elle voyagera	il/elle aura voyagé
nous voyagerons	nous aurons voyagé
vous voyagerez	vous aurez voyagé
ils/elles voyageront	ils/elles auront voyagé

conditionnel présent	conditionnel passé
je voyagerais	j'aurais voyagé
tu voyagerais	tu aurais voyagé
il/elle voyagerait	il/elle aurait voyagé
nous voyagerions	nous aurions voyagé
vous voyageriez	vous auriez voyagé
ils/elles voyageraient	ils/elles auraient voyagé

subjonctif présent	subjonctif passé
je voyage	j'aie voyagé
tu voyages	tu aies voyagé
il/elle voyage	il/elle ait voyagé
nous voyagions	nous ayons voyagé
vous voyagiez	vous ayez voyagé
ils/elles voyagent	ils/elles aient voyagé

subjonctif imparfait	subjonctif plus-que-parfait
je voyageasse	j'eusse voyagé
tu voyageasses	tu eusses voyagé
il/elle voyageât	il/elle eût voyagé
nous voyageassions	nous eussions voyagé
vous voyageassiez	vous eussiez voyagé
ils/elles voyageassent	ils/elles eussent voyagé

impératif présent	impératif passé
voyage	aie voyagé
voyageons	ayons voyagé
voyagez	ayez voyagé

infinitif présent	infinitif passé
voyager	avoir voyagé

participe présent	participe passé
voyageant	voyagé

gérondif présent	gérondif passé
en voyageant	en ayant voyagé

www.lernhilfen-sprachen.com

www.lernhilfen-shop.com

Titelbild: Fotolia

Herstellung und Verlag:
BoD - Books on Demand, Norderstedt
ISBN 978-3-7460-1095-3